Ida Salamon

Belgrad

GEHEN, SEHEN & GENIESSEN

6 Routen durch die Hauptstadt Serbiens.
Geschichte, Kultur, Sightseeing,
Essen, Trinken, Stadtleben

FALTER VERLAG

ISBN 978-3-85439-644-4
© 2020 Falter Verlagsgesellschaft m.b.H.
1011 Wien, Marc-Aurel-Straße 9
T: +43/1/536 60-0, F: +43/1/536 60-935
E: bv@falter.at, service@falter.at
W: faltershop.at
Alle Rechte vorbehalten.

Autorin: Ida Salamon

Lektorat: Helmut Gutbrunner

Fotos: detaillierter Bildnachweis auf Seite 136

Karten: Freytag-Berndt und Artaria KG

Umschlagdesign: Dirk Merbach

Grafik und Layout: Marion Großschädl

Produktion: Susanne Schwameis

Druck: Finidr, s.r.o., 73701 Český Těšín

Wir haben bei diesem Buch im Sinne der Umwelt auf die Verpackung mit Plastikfolie verzichtet.

Dieses Buch erhebt keinen Anspruch auf Vollständigkeit. Obwohl wir versucht haben, so gründlich wie möglich zu sein, können wir Änderungen bei aktuellen Angaben wie Öffnungszeiten, Telefonnummern etc., die sich nach Erscheinen des Buches ergeben haben, nicht ausschließen. Bitte haben Sie dafür Verständnis, dass wir keine inhaltliche Haftung übernehmen.

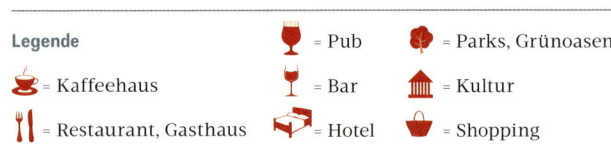

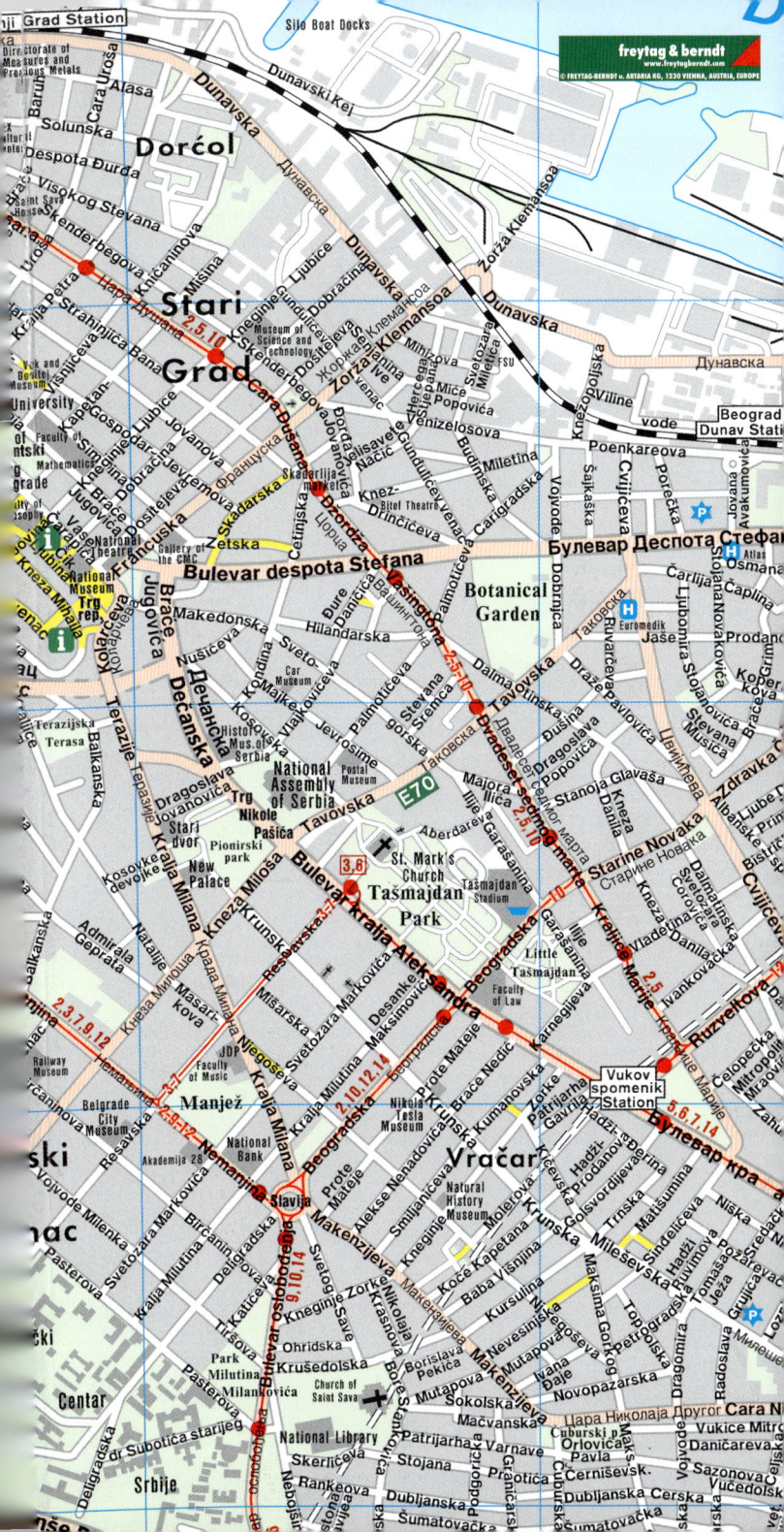

Stadt des Temperaments und des Charmes 5
Zeittafel 9

1 Kalemegdan:
Festung mit Ausblick 13

2 Savamala und Terazije:
Von der Save ins Zentrum 35

3 Varoš kapija:
Wahrzeichen der Stadt 55

4 Dorćol:
Stadtteil mit Flair 75

5 Tašmajdan: Naturdenkmal und
der heilige Sava 95

6 Die Vielfalt
Belgrads 115

Informationen und nützliche Adressen 126
Register 134

INHALT 3

Stadt des Temperaments und des Charmes

Eine junge Frau, die zum Studieren nach Belgrad gekommen ist und sich zu bleiben entschlossen hat, sagt über ihre Wahlheimat: „Wenn ich hier bin, bekomme ich Kraft, die vom Boden her meinen ganzen Körper bewegt." Einem jungen Österreicher dürfte es ähnlich ergangen sein. Er fuhr mit dem Fahrrad nach Belgrad, baute hier ein erfolgreiches Unternehmen auf und lernte das Lebensgefühl der Stadt schätzen. Seine Freizeit verbringt er gerne unter den Mauern der Belgrader Festung, auf der Save und der Donau frönt er seiner Ruderleidenschaft.

Singidunum, Alba Graeca, Veligradon, Fehérvár – die Weiße Stadt, wie man Belgrad auch nannte, ist keine gewöhnliche Metropole. Ihre Schönheit zeigt sich an den charmanten Parkanlagen, orthodoxen Kirchen, historischen Skulpturen, urigen Tavernen und nicht zuletzt an den attraktiven Frauen. Manchmal verbirgt sie sich auch in privaten Gärten mit Magnolien, hinter bröckelnden Fassaden und in Höfen mit Jugendstilmalereien. Geheimnisse und Überraschungen warten überall auf Sie: So etwa führt Sie ein Spaziergang im Stadtzentrum plötzlich in eine Gegend, die auch eine wunderbare Kulisse für einen idyllischen Film abgeben könnte.

Egal, in welcher Jahreszeit Sie kommen: Die Festung, die sich über dem Zusammenfluss von Save und Donau erhebt, die Stadt und der Himmel, die sich auf der Wasseroberfläche spiegeln, geben Ihnen das einzigartige Gefühl, mit der Umgebung im Einklang zu sein. Obwohl sich die Stadt im Laufe ihrer wechselvollen Geschichte oftmals dramatisch verändert hat, konnten die turbulenten Ereignisse der Gastfreundschaft, dem Humor, der Spontanität, dem Temperament und der Lockerheit ihrer Bewohner nichts anhaben. Das Nachtleben mit seinen zahlreichen Partys und Festivals taucht die Stadt in eine fast schon karnevalartige Atmosphäre und macht sie zu einem immer beliebteren Ausflugziel für Touristen. Nicht zu vergessen die serbische Küche: *burek, ajvar, kajmak, čvarci, sarma, duveč, podvarak, prebranac, karadordeva šnicla* und *ćevapčići*, um nur einige der Spezialitäten zu nennen. Verlassen Sie die Stadt nicht, ohne von all dem zumindest ein bisschen gekostet zu haben.

← **Der Terazije-Brunnen vor dem Hotel Moskva**

Blick auf Belgrad und die Branko-Brücke

Um die Stadt kennen zu lernen, folgen Sie am besten den Routen dieses Reiseführers. Erfahren Sie Interessantes über die gemeinsame Geschichte Österreichs und Serbiens, setzen Sie sich ans Flussufer und lassen Sie Ihre Gedanken kreisen oder besuchen Sie mit mir das Nationaltheater und das Nationalmuseum. Der berühmte „Frauenkopf" von Pablo Picasso wird Sie nicht unberührt lassen. Viele serbische Meisterwerke und private Sammlungen haben in Wohnungen des bürgerlichen Belgrads eine Heimstatt gefunden. Zahlreiche Weltstars besuchten die Metropole: darunter Elizabeth Taylor, Henry Moore, Yves Montand, Simone Signoret, Sir Laurence Olivier und Orson Welles. Königin Elisabeth II. kam 1972 nach Belgrad, es war ihr erster Besuch einer Stadt eines sozialistischen Landes. Josip Broz Tito war damals Präsident der zwischen dem West- und dem Ostblock balancierenden Sozialistischen Föderativen Republik Jugoslawien. 1961 war er einer der Gründer der Bewegung der Blockfreien Staaten, der sich zahlreiche asiatische, afrikanische und lateinamerikanische Länder anschlossen. Titos Bedeutung wurde auch anlässlich seines Begräbnisses in Belgrad deutlich, es war eine der größten Trauerfeiern des 20. Jahrhunderts. Der Tod des Diktators 1980 leitete eine Zeit politischer und ökonomischer Instabilität ein. Die Situation kulminierte im Jahr

1991, als Kroatien und Slowenien ihre Unabhängigkeit proklamierten. Eine Teilrepublik nach der anderen verließ Jugoslawien, es kam zu einem blutigen Bürgerkrieg, in dem viele Unschuldige starben. Kriegsprofiteure und Kriminelle wurden an die Oberfläche gespült, Flüchtlinge aus den Teilrepubliken des ehemaligen Jugoslawien kamen mittellos nach Serbien, ein gesellschaftlicher Kollaps war die Folge, auch in Belgrad. Die Milošević-Ära war von Isolation und Verfall gekennzeichnet. Nach der Bombardierung durch die NATO 1999 erholte sich das Land nur langsam von dieser dunklen Phase seiner Geschichte.

Die Vergangenheit Belgrads indes reicht weit über diese zeitgeschichtlichen Ereignisse zurück. Oft wird sie als eine der ältesten Städte der Welt genannt, dieses Gebiet war schon 7000 Jahre v. u. Z. besiedelt. Die Festung wurde mehrere Dutzend Male zerstört, über hundert Schlachten wurden in ihrem Umfeld ausgetragen. Sie bildet den Kern, aus dem sich das moderne Belgrad entwickelte, und ist ein symbolischer Ort für die Begegnung von Ost und West. Die Überreste aus früheren Perioden rechtfertigen den Namen, den die Osmanen Belgrad gegeben haben: Dar al-Dschihad, Haus des Krieges. Unter den Faktoren, die das Entstehen der Stadt an diesem Standort beeinflussten, war die geostrategische Position ausschlaggebend.

Blicken wir in die Zeit des Römischen Reichs zurück: Beim Übergang vom ersten in das zweite Jahrhundert unserer Epoche war die Legion IV Flavia Felix in Singidunum, wie die Römer das spätere Belgrad nannten, stationiert. Der Name Singidunum leitet sich vom Wort „Dunum" (kelt. *dūnon*), Siedlung bzw. Festung und „Singi" ab, das möglicherweise entweder rund bedeutet oder den Stamm bezeichnet, der hier vor der Anwesenheit der Römer lebte. Fast die ganze heutige Innenstadt wurde auf den römischen Überresten gebaut, täglich gehen wir über diese antiken Thermen, Plätze und Villen. Eine der wesentlichen historischen Eckpfeiler für Belgrad war das Eindringen der Slawen im siebten Jahrhundert. Bis zur endgültigen Autonomie Serbiens im 19. Jahrhundert verging noch weit mehr als ein Jahrtausend, in dem Belgrad oftmals wechselnd unter der Herrschaft von Byzanz, Ungarn, Bulgarien sowie Serbien stand und ab dem 16. Jahrhundert wiederholt vom Osmanischen Reich und den Habsburgern erobert und beherrscht wurde.

Im Ersten Weltkrieg verlor Serbien etwa dreißig Prozent der Bevölkerung und der mutige Einsatz und Widerstand brachte Belgrad 1920 den Orden der französischen Ehrenlegion. Während der Zwischenkriegszeit entwickelte sich die Hauptstadt des Königreichs Jugoslawien rasant zu einer der offensten und schönsten Städte Europas und wurde die Heimat verschiedener Nationalitäten. Dieser Aufschwung wurde durch den Zweiten Weltkrieg abrupt beendet, als Belgrad 1941 innerhalb von zwei Tagen durch einen Großangriff der deutschen Luftwaffe in Schutt und Asche gelegt und vom nationalsozialistischen Deutschland besetzt wurde, die Vernichtung der Stadt wurde 1944 durch die Alliierten vervollständigt. Das 20. Jahrhundert begann mit Krieg und endete mit der NATO-Agression im Jahr 1999.

Trotz dieser wechselvollen Geschichte ist Belgrad mutig, trotzig, edel, mystisch und strahlend geblieben. Sie werden eine aufregende Stadt erleben. Dieser City-Walk führt Sie auf fünf Stadtspaziergängen durch die Metropole, eine Route abseits der Spaziergänge bringt Ihnen jene Stadtteile näher, in denen man durchaus Ungewöhnliches erleben kann. Das Buch soll Ihnen ein sicherer Begleiter durch Straßen, Plätze und Ereignisse der serbischen Hauptstadt sein und ist auch ein ideales Geschenk für all jene, die eine innige Beziehung zur Stadt aufbauen möchten. Denn: Das, was du liebst, das findest du auch wunderschön.

Willkommen in Belgrad!

Zeittafel

7000 vor unserer Zeitrechnung erste neolithische Siedlung.
3. Jahrhundert v. u. Z. Die Kelten besiedeln das Gebiet Belgrads und geben ihm den Namen Singidun.
1. Jahrhundert der neuen Zeitrechnung Die Römer errichten ein Militärlager und die Siedlung Singidunum.
441 Atilla und die Hunnen zerstören die Stadt.
Ab dem Jahr 450 wechseln sich die Herrscher ab: Sarmaten werden von den Ostgoten vertrieben, im Jahr 510 fällt die Stadt an Byzanz. Kaiser Justinian I. beginnt, das antike Singidunum als Singidon wiederaufzubauen.
Von 584 bis zum 7. Jahrhundert zerstören die Awaren Singidon, Byzanz erobert die Stadt zurück; die Awaren brandschatzen die Stadt erneut.
Um 630 erobern die Slawen Singidon.
878 wird die Stadt erstmals unter dem slawischen Namen Belgrad in einem Brief von Papst Johannes VIII. schriftlich erwähnt.
896 überfällt ein neuer Gegner Belgrad, die Ungarn.
Nach 976 Der bulgarische Zar Samuil übernimmt die Stadt.
1018 Belgrad gehört wieder zum Byzantinischen Reich.
1096 Die Kreuzritter ziehen plündernd durch Belgrad, im Jahr 1189 kommt Friedrich Barbarossa in die halb zerstörte Stadt.
1127 Der ungarische König Stephan II. zerstört Belgrad und baut aus den Trümmern Zemun auf.
1284 Belgrad steht zum ersten Mal unter serbischer Herrschaft, der serbische König Dragutin erhält bei der Hochzeit der ungarischen Prinzessin von der ungarischen Krone die Stadt.
1319 Ungarn macht König Milutin die Herrschaft über Belgrad streitig und erobert die Stadt neuerlich.
1403 Unter dem Despot Stefan Lazarević wird Belgrad Hauptstadt des mittelalterlichen serbischen Staates.
1440 Die Türken überfallen Belgrad unter Sultan Murad II., die Stadt wird trotz großer Zerstörungen verteidigt.
1456 Zweite erfolglose Belagerung Belgrads unter dem Kommando von Sultan Mehmed II. mit 150.000 Soldaten. Belgrad wird als Bollwerk des Christentums gefeiert (siehe Seite 22 f.).
1521 Am 29. August eroberte Sultan Süleyman I. „der Prächtige" Belgrad. Die serbische Bevölkerung wird versklavt.
1594 verbrennen Türken die Gebeine des serbischen Prinzen Rastko aus der Dynastie der Nemanjićs (siehe Seite 113).
1688 Herzog Maximilian II. Emanuel erobert für die Habsburger, unterstützt durch serbische Aufständische, Belgrad.
1717 Eugen Franz, Prinz von Savoyen-Carignan nimmt am 16. August Belgrad ein (siehe Seite 24).

1739 Österreich und die Türkei schließen den Belgrader Frieden, wonach die Stadt erneut an die Türken fällt. Fünfzig Jahre später erobert Feldherr Gideon Ernst von Laudon Belgrad.
1791 Mit dem Friedensvertrag von Svištov fällt Belgrad wieder unter türkische Herrschaft.
1806 Karađorđe befreit mit Aufständischen die Stadt und Belgrad wird wieder zur Hauptstadt Serbiens.
1815 Miloš Obrenović beginnt den Zweiten Serbischen Aufstand; im Jahr 1830 erhält Serbien seine Autonomie.
1841 Belgrad wird zur Residenzstadt des Fürstentums Serbien unter der ersten Herrschaft von Mihailo III. Obrenović.
1867 Die Türken verlassen Belgrad endgültig.
1878 wird die Unabhängigkeit Serbiens anerkannt.
1882 Serbien wird Königreich unter Milan I. und Belgrad seine Hauptstadt.
1903 Nach der Ermordung des Königs Aleksandar Obrenović besteigt König Petar I. Karađorđević den Thron.
1912 Erster Balkankrieg, 1913 folgt der Serbisch-Bulgarische Krieg.
1914 Österreich-Ungarn bombardiert Belgrad und nimmt es ein, die heldenhafte Verteidigung Belgrads dauert 15 Monate.
1918 Belgrad wird Hauptstadt des Königreichs der Serben, Kroaten und Slowenen (ab 1929 Königreich Jugoslawien) unter Petar I. Karađorđević, ihm folgt Aleksandar I. Karađorđević.
1931 Belgrad erhielt sein Wappen: ein römisches Schiff mit Segeln vor den weit geöffneten Türen der weißen Festung.
1934 Zemun wird ein Teil Belgrads.
1941 Die Deutschen bombardieren am 6. April Belgrad.
1944 Die Alliierten bombardieren mehrmals Belgrad, die Stadt wird von der Volksbefreiungsarmee mithilfe der russischen Roten Armee am 20. Oktober befreit.
1945 Am 29. November verkündet die Verfassungsgründende Versammlung die Föderative Volksrepublik Jugoslawien, es beginnt offiziell die Herrschaft von Josip Broz Tito, die bis 1980 anhält.
1968 Studentenproteste an der Belgrader Universität.
1991 Zerfall der Sozialistischen Föderativen Republik Jugoslawien, es folgen Flüchtlingsströme, die zweithöchste Inflationsrate der Welt, Massenproteste gegen das Regime.
1999 Die NATO bombardiert drei Monate lang Jugoslawien und Ziele im Zentrum Belgrads.
2000 Serbien befreit sich von der Diktatur Slobodan Miloševićs.
2003 Der serbische Premier Zoran Đinđić wird getötet.
2004–2012: Regierungszeit des prowestlichen demokratischen Präsidenten Serbiens Boris Tadić, ein EU-Beitritt Befürworter.
Ab 2017 ist der rechtskonservative Politiker Aleksandar Vučić Präsident der Republik Serbien.

TEAMS WORK.

Weil Erfolg nur im Miteinander entstehen kann. Die STRABAG-Gruppe ist mit einer Leistung von etwa € 16 Mrd. und jährlich rund 12.000 Projekten einer der führenden europäischen Technologiekonzerne für Baudienstleistungen. Möglich wird dies durch das Know-how und das Engagement unserer mehr als 75.000 Mitarbeiterinnen und Mitarbeiter, die als ein Team auch komplexe Bauvorhaben termin- und qualitätsgerecht realisieren.

www.strabag.com

STRABAG
TEAMS WORK.

STRABAG d.o.o., Bulevar Milutina Milankovica 3b, 11070 Beograd
STRABAG AG, Donau-City-Str. 9, 1220 Wien

Blick von der Festung auf den Nebojša-Turm und die Donau

1 Kalemegdan: Festung mit Ausblick

AUSGANGSPUNKT
Uzun Mirkova

ENDPUNKT Militärmuseum

DAUER Je nach Tempo und Aufenthalt ca. 3,5 Stunden

DIE ROUTE Etappe 1: ❶ Kunstpavillon Cvijeta Zuzorić, ❷ Äußeres Stambol-Tor, ❸ Galerie des Naturkundemuseums, ❹ Inneres Stambol-Tor, ❺ Karađorđe-Tor, ❻ Denkmal „Dank an Frankreich", ❼ Kleine Treppe, ❽ Große Kalemegdan-Treppe. Etappe 2: ❾ Römerbrunnen, ❿ Statue Pobednik/Der Sieger, ⓫ Despot-Turm, ⓬ Zindan-Tor, ⓭ Leopoldstor, ⓮ Belgrader Zoo „Garten der guten Hoffnung". Etappe 3: ⓯ Jakšićs-Turm, ⓰ Denkmal für die Belgrader Verteidiger des Ersten Weltkriegs, ⓱ Rosenkirche, ⓲ Kapelle der heiligen Petka, ⓳ Tor Karls VI., ⓴ Nebojša-Turm, ㉑ Pulverlager „Barutana", ㉒ Defterdar-Tor, ㉓ Mehmed-Paša-Sokolović-Brunnen, ㉔ Damad-Ali-Paša-Türbe, ㉕ Glockenturm Sahat-Kula, ㉖ Sahat-Tor, ㉗ Militärmuseum, ㉘ Kasematten des Militärmuseums

Kunstpavillon Cvijeta Zuzorić

Auf dieser Route werden wir einen der schönsten, größten und bekanntesten Parks Belgrads, den Kalemegdan (von türk. *kale*, "Festung", "Stadt" und *meydanı*, "Feld") erkunden. Unter den Wipfeln von Eichen, Buchen und Kastanienbäumen, um nur einige der hier gepflanzten Baumarten zu nennen, führt unser Weg zu Dutzenden Sehenswürdigkeiten, Denkmälern und zu einer alten wundersamen Quelle. Hauptattraktion ist die Festung, die sich über einen Zeitraum von 18 Jahrhunderten von einem römischen Castrum über eine byzantinische Burg und den historischen Kern der temporären serbischen Hauptstadt im Mittelalter bis zur österreichischen und osmanischen Artilleriebefestigung entwickelte.

Hinweis: Auf dem ganzen Areal von Kalemegdan sind Informationstafeln über die jeweiligen Sehenswürdigkeiten auf Serbisch und Englisch aufgestellt.

Etappe 1: Durch den Kalemegdan-Park

In den Park gelangen wir über die Uzun Mirkova. Am Rand der Anlage biegen wir auf einen Weg rechts ab und sehen im Schatten von Bäumen drei nahe beieinandergelegene 🏛 **Skulpturen:** den "Müden Krieger" von Toma Rosandić, den weibliche Akt "Flug zur Sonne" der Bildhauerin Tatjana Zarin sowie die beeindruckende Skulptur "Todesengel" von Ivan Meštrović. Es ist still hier, die von Leben und Hektik erfüllte Metropole scheint fern. Wir erreichen kurz darauf den **Kunstpavillon Cvijeta Zuzorić** (Mali Kalemegdan 1, Tel. +381 11 2621585), 1928 im Geiste des Art déco errichtet, sowie davor den 🏛 **Brunnen Budenje** („Erwachen") mit dem weiblichen Akt des Bildhauers Dragomir Arambašić. Der Verein der Kunstfreunde Cvijeta Zuzorić, benannt nach der Dichterin und Muse aus Dubrovnik, beschloss, einen Pavillon zu errichten, in dem ausschließlich Kunstwerke ausgestellt werden. Kunstliebhaber, prominente Bürger und wohlhabende Personen leisteten ihren Beitrag, unter den Spendern befand sich auch der Wiener Bankverein. Heute finden im Pavillon Wechselausstellungen verschiedener serbischer und internationaler Künstler statt.

Der Weg führt uns, vorbei am Restaurant 🍴 **Kahvana Mali Kalemegdan** (Veliki Kalemegdan 2, Tel. +381 11 2631999, www.malikalemegdan.rs, tägl. 8–24 Uhr), nach links in Richtung Festung zum **2 Äußeren Stambol-Tor**. Dieses befindet sich am großen Wallschild der Südostfront der Belgrader Festung und wurde in der Mitte des 18. Jh.s aus Stein gemeißelt. Der Name Stambol (für Istanbul) leitet sich von seiner Position auf der einstigen Militärstraße in Richtung Istanbul ab. Das Tor beeindruckt durch die mit Schmiedeeisen verkleideten, gut erhaltenen Holztüren und drei Rosetten mit Blütenwerk.

Nachdem wir das Tor passiert haben, sehen wir links die **3 Galerie des Naturkundemuseums** (Mali Kalemegdan 5, Tel. +381 11 3284317, www.nhmbeo.rsm, Sommer 10–21, Winter 10–18 Uhr), wo interessante Ausstellungen aus den Bereichen Geologie, Botanik und Zoologie zu sehen sind. Das Gebäude, ursprünglich wahrscheinlich als erster Freimaurertempel in Belgrad im 18. Jh.

Inneres Stambol-Tor

erbaut, wurde als Kaserne und Beobachtungsposten für türkische Soldaten genutzt.

Direkt vis à vis der Galerie befindet sich das 4 **Inneres Stambol-Tor** mit den Bastionen I und II der Südostfront und einer Stirnwand aus weißem Stein. Im Inneren des Tores können in einem **Shop** (Sommer 11–19, Winter 10–17 Uhr) Eintrittskarten (eine all-

> ★ **UNBEDINGT HINGEHEN**
>
> **Inneres Stambol-Tor** → Seite 16
> **Große Kalemegdan-Treppe** → Seite 19
> **Pobednik/Der Sieger** → Seite 20
> **Rosenkirche** → Seite 27

gemeine Karte für fünf Objekte kostet etwa € 4,–), Audioguides in sechs Sprachen und Souvenirs, Informationsmaterial, Bücher sowie gegenüber in einer Werkstatt altes Handwerk erworben werden. Sollten Sie mit Kindern unterwegs sein: Direkt vor dem Tor befindet sich in einem Graben ein Dinosaurierpark.

Ohne das Innere Stambol-Tor zu passieren gehen wir weiter auf das 5 **Karadorde-Tor** zu. Dieses Tor ist äußerlich mit dem Äußeren Stambol-Tor identisch, mit Ausnahme der Rosette, in der zwei Vögel zu sehen sind.

Dazu kurz etwas Geschichtliches: Der erste organisierte Aufstand des serbischen Volkes, der den Beginn des Kampfes für die endgültige Befreiung von den Türken darstellt, begann unter der Führung von Đorđe Petrović, genannt Karađorđe, am 15. Februar 1804 (heute Tag der Staatlichkeit der Republik Serbien). Vor der Befreiung Belgrads errangen die Rebellen mehrere wichtige Siege und bemühten sich, Unterstützung von Österreich und Russland zu bekommen. Belgrad wurde im Dezember 1806, die Festung Anfang 1807 befreit. Nach vier Jahrhunderten war Belgrad endlich wieder das Zentrum Serbiens. Der Legende nach betrat der Anführer des Aufstands, Karađorđe, die Festung durch das Tor, das heute seinen Namen trägt. Die weit größere türkische Armee griff aber Serbien 1813 erneut an und nach drei Monaten Widerstand wurde die osmanische Macht wiederhergestellt.

Vom Karađorđe-Tor über eine Holzbrücke kommend, sehen Sie das 1930 errichtete 6 **Denkmal „Dank an Frankreich",** ein Werk des Bildhauers Ivan Meštrović. Es ist ein Zeichen der Freundschaft und gegenseitigen Unterstützung zwischen Serbien und Frankreich während des Ersten Weltkriegs. Dargestellt ist eine Frankreich symbolisirende Frau mit einem Schwert, die Serbien zur Hilfe eilt. Auf der Hinterseite des Denkmals steht geschrieben: „Wir lieben Frankreich, wie es uns 1914–1918 geliebt hat". Im Jahr 1999, nach dem Beginn der von Frankreich unterstützten NATO-Aggression gegen die damalige Bundesrepublik Jugoslawien, erlosch jedoch diese Liebe und das Denkmal wurde mit einem schwarzen Tuch mit folgender Inschrift überdeckt: „Die ewige Ehre Frankreichs, die nicht mehr existiert". (Mehr über die NATO-Aggression auf die Hauptstadt in Route 2 und 5, wo wir die Ruinen der Bombenangriffe besuchen werden.)

Der Platz mit diesem Denkmal an der 🏛 **Promenade am Kalemegdan** wurde in der Zeit von 1913 bis nach der Besetzung Belgrads im Ersten Weltkrieg vom imposanten Karađorđe-Mahnmal eingenommen. Das Monument wurde jedoch zerstört, um dort ein Denkmal für Kaiser Franz Joseph I. aufzustellen. Das Kriegsende verhinderte aber diesen Plan und es wurde beschlossen, die große Skulptur für Kirchenglocken einzuschmelzen. Eine davon hängt in der Kirche Ružica, die wir noch besuchen werden. In unmittelbarer Nähe des Denkmals wurde im frühen 20. Jh. der 🏛 **Fischerbrunnen** von Simeon Roksandić angelegt. Die zentrale Bronzeskulptur zeigt eine athletische Figur im Kampf mit einer Schlange, sie wird in einigen Quellen auch als „Kampf" bezeichnet.

Wer sich jetzt etwas entspannen möchten, kann beim Brunnen in die Liliputbahn steigen (serb. *vozić*) und eine Kalemegdan-Rundfahrt für ca. € 1,50 absolvieren.

Im Bereich der Promenade zeugen zahlreiche 🏛 **Büsten** von berühmten Schriftstellern und Künstlern vom reichen Erbe Serbiens. Auf der linken Seite des Weges, mit Blick auf die nahegelegene Prachtstraße Knez Mihailova, nähern wir uns jenem 🏛 **Gedenkstein**, der anlässlich der ersten hundert Jahre nach der Schlüsselübergabe der Belgrader Festung aufgestellt wurde. Er erinnert an eines der wichtigsten Ereignisse in der jüngeren serbischen Geschichte: Fürst Mihailo Obrenović III. erhielt in einer feierlichen, von Musik und Kanonenfeuer begleiteten Zeremonie am 6. April 1867

Denkmal „Dank an Frankreich"

Große Kalemegdan-Treppe

an ebendieser Stelle vom türkischen Festungskommandanten Muhafiz Ali Risa Pascha die Schlüssel der Stadt Belgrad.

Am Ende der Promenade führt der Weg scharf nach rechts zur 🔴 **Kleinen Treppe,** einem parkarchitektonischen Werk, das von der ersten serbischen Stadtarchitektin, Jelisaveta Načić, am Beginn des 20. Jh.s entworfen wurde. Die Treppen im neobarocken Stil mit integriertem Brunnen führen auf die Pariska. Direkt gegenüber der Treppe, in der Pariska 11, befindet sich der 🏛 **Palast der französischen Botschaft** (Pariska 11, Tel. +381 11 3023500, rs.ambafrance.org), der 1933 in einer Art-déco-Variante erbaut wurde. Auf dem Dach des Gebäudes sind drei Statuen, die Freiheit, Gleichheit und Brüderlichkeit repräsentieren, zu sehen. Schräg vis à vis steht seit dem Jahr 1960 die „Pariser Schönheit", wie Kritiker das sechsstöckige Wohngebäude mit Apartments und Ateliers bezeichneten. Dort können Sie im 🏛 **Salon des Museums für zeitgenössische Kunst** (Pariska 14, https://eng.msub.org.rs, 12–20 Uhr, dienstags geschlossen) die neuesten Trends in der bildenden Kunst verfolgen.

Zurück am Kalemegdan spazieren wir die Save-Hauptallee entlang, die ab 1886 angelegt wurde. Die meisten Kiefern, die heute noch dort stehen, wurden in dieser Zeit gepflanzt. Von den Rändern des Save-Abhangs und im Schatten duftender Bäume bietet sich ein weiter Ausblick, der Sie hoffentlich die Schönheit des Augenblicks genießen

lässt. Wenn Sie gerne Schach spielen, können Sie auf den in diesem Bereich aufgestellten Tischen unter den prüfenden Blicken der Zuschauer einige Spielzüge mit einem der „Schachmeister" machen.

Am Ende der Hauptallee steigen wir die 8 **Große Kalemegdan-Treppe** mit ihren zwei halbkreisförmigen Aussichtsplätzen an den Seiten hinunter. Sie wurde 1928 im Geiste der Romanik erbaut, ihre Fertigstellung vervollständigte die Arbeiten in der Save-Allee. Auf der rechten Seite unter den Mauern der Festung wurde 1948 die **Gruft der Volkshelden** errichtet. Die sterblichen Überreste der Nationalhelden des Zweiten Weltkriegs, Đuro Đaković, Ivo Lola Ribar, Ivan Milutinović und Moše Pijade, liegen hier begraben.

Es geht jetzt geradeaus weiter durch das **Königstor,** das während der österreichischen Besetzung im Barockstil umgebaut wurde und zu dem eine Brücke führt. Auf der rechten Seite nach dem Tor gelangen Sie über Treppen zum **Café Pobednik** (Kafe Beogradski pobednik, Kalemegdan 13a, Tel. +381 11 2629880, Mo–Fr 9–21, Wochenende 11–20 Uhr), von dem aus Sie einen schönen Ausblick auf den Stadtteil Novi Beograd haben und wo Sie Soulmusik genießen können.

Etappe 2: Durch den Park vom Römerbrunnen zum Zoo

Nach unserem Zwischenstopp im Café gelangen wir zum 9 **Römerbrunnen** (Sommer 11–19, Winter 10–17 Uhr), der auch den berühmten Regisseur Alfred Hitchcock nicht gleichgültig ließ – der Legende nach erklärte er bei seinem Besuch in Belgrad, dieser Brunnen sei ein wahrer Genuss für ihn. Der Brunnen wurde während der großen barocken Rekonstruktion der Festung unter österreichischer Besatzung gebaut, um in Zeiten der Belagerung die Wasserversorgung zu gewährleisten. Da sich kein Quellwasser im Brunnen befand, wurde beschlossen, darin Wasser zu speichern. Der Bau des Brunnens war 1731 abgeschlossen, nach den Plänen aus dieser Zeit wurde er als „Großer Brunnen" bezeichnet, der Name „Römerbrunnen" ist neueren Ursprungs. Um die Wand des Brunnens befinden sich zwei Wendeltreppen (nicht zugänglich) in Form einer Doppelspirale, die bis zu einer Tiefe von 35,30 Metern über 208 Stufen zum Brunnengrund hinunterführen. Pläne erwähnen eine Maschine, die das Wasser an die Oberfläche abfließen ließ. Der Ingenieur Miroslav Knežević hat deren Mechanismus virtuell wiederbelebt. Sollten Sie einen Wunsch haben, werfen Sie eine Münze in den Brunnen. Wenn diese ohne die Mauern zu berühren auf dem Boden ankommt, könnte der Wunsch in Erfüllung gehen.

Vom Römerbrunnen führt eine Treppe zur **Oberstadt**, jenem Teil der Festung, der von den Türken *Fikir-bayır* („Berg zum Denken") genannt wurde. Ein Ort, an dem zu Urzeiten die Wellen des Pannonischen Meeres auf die Klippen der Insel prallten. Oben auf der Kalemgdan-Terrasse angekommen, wartet das Wahrzeichen Belgrads, die Statue des ◄10► **Pobednik/Der Sieger** von Ivan Meštrović, die 1928 zur Erinnerung an den Durchbruch der Front bei Thessa-

Schach im Park

loniki im Ersten Weltkrieg hier aufgestellt wurde. Das Denkmal besteht aus einer nackten männlichen Bronzefigur mit einem Falken in der linken und einem nach unten gerichteten Schwert in der rechten Hand, was eher auf Verteidigung als einen Aufruf zum Kampf hindeutet. Das Denkmal sollte ursprünglich auf der Terazije, dem Hauptplatz Belgrads im Stadtzentrum, aufgestellt werden, aber die Damenwelt protestierte gegen die Zurschaustellung einer unbekleideten männlichen Statue mitten in Belgrad. Das Monument steht über der Mündung der Save in die Donau, von dieser Stelle aus haben Sie einen atemberaubenden Ausblick auf die Pannonischen Tiefebene im Norden, den Stadtteilen Zemun mit dem Millennium-Turm und Novi Beograd (siehe Seite 122) und bis hin zu den Wäldern der Šumadija im Süden. Sie sehen aber auch Passagierschiffe auf Save und Donau, die flussab- und -aufwärtsfahren und gelegentlich mit Schiffssirenen Aufmerksamkeit erregen. Am Fuße des Donaudeltas liegt die Donau selbst hinter der Großen Kriegsinsel. Die Insel ist ein echter Regenwald mit intakter Natur und der Ort, an dem die Schlacht im Ersten Weltkrieg begann, da es zum Niemandsland zwischen der damaligen Österreichisch-Ungarischen Monarchie und Serbien gehörte.

Statue Pobednik

Am Rande des Plateaus, in dem Bereich, wo sich das Schloss und die mittelalterliche serbische Stadt befunden haben, ist ein 🏛 **Modell des Schlosses des Despot Stefan Lazarević** aufgestellt. Dazu einige historische Daten: Der Name Belgrad ist slawischen Ursprungs und bedeutet „weiße Stadt". Die Slawen, die aus dem Norden kamen, sahen das Glitzern des Bergrückens und den weißen Stein, aus dem die Mauern der römischen Festung gebaut wurden. Der byzantinische Kaiser und Historiker Konstantin VII., genannt Konstantin Porphyrogenitus, berichtet, dass die Stadt zu Beginn des siebten Jh.s von Serben bewohnt war, einem der slawischen Stämme. Im Jahr 1403, während der Regierungszeit des Despoten (Despot war der Titel eines Herrschers) Stefan Lazarević, wurde Belgrad zum ersten Mal Hauptstadt des serbischen Herrschaftsgebiets. Lazarević (1377–1427), Ritter und Dichter, war einer der gebildetsten Menschen seiner Zeit und widmete die Stadt der Allerheiligsten Mutter Gottes. Während des nachfolgenden Jh.s versuchten die Türken laufend, Belgrad zu erobern.

Das Gebäude, das Sie in der Nähe, den Blick nach Süden gerichtet, sehen, ist das 🏛 **Institut für den Schutz von Kulturdenkmälern der Stadt Belgrad.** Es wurde 1904 ursprünglich für die Bedürfnisse des Generalstabs der serbischen Armee errichtet und war von der Stadtarchitektur des 19. Jh.s am Balkan inspiriert. Heute ist es eines der wenigen erhaltenen Bauwerke dieser Art in Belgrad.

Wir gehen vom Plateau auf der linken Seite hinauf in Richtung 🏛 **Militärbunker,** der bis 2008 streng geheim gehalten wurde. Er war eine der Verteidigungsanlagen der ehemaligen jugoslawischen Volksarmee aus der Zeit der Resolution des Kommunistischen Informationsbüros 1948. Die Kommunistische Partei Jugoslawiens wurde nach einem Streit zwischen Jugoslawien und der Sowjetunion vom Bündnis der Kominform ausgeschlossen. Es wird vermutet, dass der Bunker im Jahr 1953 fertiggestellt und nur wenige Monate benutzt wurde, weil Josef Stalin in diesem Jahr starb und sein Nachfolger Nikita Chruschtschow die Beziehungen zu Jugoslawien erneuerte. Als die Gefahr eines Angriffs vorüber war, wurde er geschlossen, die Archäologen entdeckten ihn zufällig. Den Innenraum kann man mit einem Tourguide über sehr steile Treppen betreten.

Unweit des Bunkers, auf der linken Seite, liegt der 🏛 **Gedenkstein für Janoš Hunjadi.** Im Volk bekannt als Sibinjanin Janko, war er einer der Verteidiger Belgrads gegen die Türken, der Gedenkstein erinnert an die größte Schlacht in der Geschichte Belgrads. Unter der Führung von Sultan Mehmed II. erfasste eine neue Eroberungswelle die Balkanländer. 1456 standen die Osmanen vor Belgrad. Der ungarische Adelige János Hunyadi trat an die Spitze der Verteidigung, wobei die abwehrenden Verbände den angreifenden Türken zahlenmäßig weit unterlegen waren. Unter ihnen befanden sich viele Kreuzfahrer, die vom Franziskanermissionar Johannes Capistran angeworben wurden. Belgrad wurde zum „Schutzwall des Christentums" erklärt und der Sieg wurde zum „glücklichsten Ereignis" im Leben von Papst Calixt III. Der Tag, an dem er die Nachricht von der erfolgreichen Verteidigung erhielt, der 6. August, wurde zum Tag des Belgrader Sieges ausgerufen; der Papst befahl, jeden Mittag die Glocken läu-

Institut für den Schutz von Kulturdenkmälern der Stadt Belgrad

ten zu lassen, ein Brauch, der heute noch geachtet wird.

Wir gehen gerade weiter und links vorbei am großen 🏛 **Denkmal für Stefan Lazarević** direkt zum ✦ **Despot-Turm** (auch Dizdar-Turm genannt, *dizdar* ist türk. für „Festungskommandant"), das im Mittelalter die östliche Seite der Festung bildete und heute als Observatorium dient (https://adrb.org, Di, Mi, Do 9–16, Fr, Sa 15–22 Uhr). Sie können den Turm besteigen und von der Plattform die Natur und die Aussicht auf die Stadt bis zum nordöstlichen Pančevo bewundern. Gleich daneben steht das 🏛 **Despot-Tor,** das in der ersten Hälfte des 15. Jh.s erbaut wurde. Dieses Haupttor der Oberstadt ist über eine bewegliche Brücke mit dem ✦ **Zindan-Tor** und seinen Türmen verbunden. Die Zindantürme wurden eine Zeitlang als Kerker (türk. *zindan*) genutzt. Von diesem Ort aus können Sie Richtung Westen die erhaltenen Teile der Mauern des römischen Castrum sehen, die sich mit ihrer weißen Farbe vom Rest der Mauer abheben.

Der nachfolgende Weg führt uns zum ✦ **Leopoldstor,** an der Bastion II der Ostfront gelegen. Der Bau begann unmittelbar nach der österreichischen Eroberung der Stadt im Jahre 1688. Die monumentale Fassade weist Merkmale des deutschen Barocks mit toskanischem Einfluss auf. Der Bogen des Portals hat eine elliptische Form und die Initialen L.P. (Leopoldus Primus) erinnern an Kaiser Leopold I., während dessen Herrschaft Belgrad erobert wurde.

Hier einige wichtige Fakten aus der gemeinsamen Geschichte Österreichs und Ser-

Zindan-Tor und -Türme

biens: Im Jahr 1716, nach der türkischen Kriegserklärung, traf Prinz Eugen von Savoyen in Nordserbien ein. Mit Mut und Entschlossenheit nahm er an den Kämpfen direkt teil, sodass die Türken in der Schlacht von Peterwardein besiegt werden konnten. Im folgenden Jahr zog er nach Belgrad, wo unterhalb der Festung am 16. August 1717 in den frühen Morgenstunden die Schlacht begann. Der türkische Herrscher Mustafa Pascha ergab sich am 18. August, und Prinz Eugen drang an der Spitze seiner Truppen, die sich auch aus serbischen Freiwilligen zusammensetzten, siegreich in die Stadt ein. Der Frieden zwischen Österreich und dem Osmanischen Reich wurde 1718 in Požarevac (Passarowitz) geschlossen. Es begann eine sehr wichtige Periode in der Geschichte Belgrads, weil mit den Österreichern der Geist des europäischen Westens in die Stadt einzog. Österreich wollte sich in Serbien etablieren, Belgrad musste daher in eine starke Festung verwandelt werden. Bei dieser Gelegenheit wurde die obere Schicht auf dem Belgrader Kamm entfernt, wodurch fast die gesamte antike und mittelalterliche Schicht zerstört wurde. Der Barockkomplex wurde als Grenzfestung mit dem Ziel konzipiert, die imperialen Interessen auf dem Balkan zu stärken, hatte aber ein ganz anderes Schicksal. Nikolas Doxat de Moretz, ein Militäringeneur, entwarf die Festung sowie bedeutende Teile der Stadt. Er wurde 1682 in der Schweiz geboren, kam als Oberstleutnant der österreichischen Armee nach Belgrad und nahm an den

Kämpfen teil. Doxat plante nicht nur die Festung, sondern die gesamte Stadt und teilte sie in vier Teile auf: die Festung, Savska (oder die serbische Stadt), die sich nordwestlich der heutigen Knez Mihailova befand, Donau (oder die deutsche Stadt) in der Umgebung der heutigen Cara Dušana sowie Karlstadt, das heutige Palilula. Durch den Belgrader Friedensvertrag von 1739 wurde jedoch die Belgrader Festung nach 22 Jahren unter österreichischer Herrschaft in das Osmanische Reich zurückgeholt. Der Vertrag sah vor, dass die Festung so wie vor der Restaurierung auszusehen habe, sodass innerhalb von Monaten der jahrzehntelange Aufbau zerstört wurde. Noch vor dem endgültigen Verschwinden der Festung wurde sein Erbauer grausam hingerichtet: Doxat de Moretz wurde trotz seiner Unschuld von einem österreichischen Kriegsgericht wegen Hochverrats verurteilt und anschließend enthauptet. Die Zeit wurde zurückgedreht und machte Belgrad wieder zu einer orientalischen Grenzstadt.

Bevor wir uns in die Untere Stadt begeben, ruhen wir uns in einem der Restaurants auf der Festung ein wenig aus. Vom neben dem Leopoldstor gelegenen **Restaurant Kalemegdanska terasa** (Mali Kalemegdan bb, Tel. +381 11 3283011, www.kalemegdanskaterasa.com, tägl. 11–1 Uhr) haben Sie einen guten Blick auf den **Belgrader Zoo „Garten der guten Hoffnung"** (www.beozoovrt.rs, 8–17.30 Uhr). Mitte der 1930er-Jahre wurde der untere Teil des Kleinen Kalemegdan dank des Engagements des dama-

ligen Bürgermeisters Vlada Ilić, für die Bedürfnisse des Zoos umgestaltet. Während des Zweiten Weltkriegs wurde der Tiergarten mit dorthin geflüchteten Zivilisten zweimal bombardiert, sodass fast der gesamte Tierbestand verloren ging. Tiere flohen aus den Käfigen, selbst der britische Premierminister Winston Churchill soll den Bericht erhalten haben, dass im Zentrum von Belgrad ein Bär herumgeht. Unter den wenigen Tieren, die überlebt hatten, befand sich der Alligator Muja. Er gilt heute als der älteste in Gefangenschaft lebende Alligator der Welt. Der Zoo ist ein Lieblingsausflugsort der Belgrader.

Etappe 3: Von der Unteren Stadt zurück zur Oberstadt

Die letzte größere Wegstrecke beginnt bei den Treppen zur Unterstadt neben dem **15 Jakšićs-Turm,** benannt nach den Gebrüdern Jakšić, die heldenhaft gegen die Türken gekämpft haben. Er wurde während der ungarischen Herrschaft im 15. Jh. als Kanonenturm erbaut. An seiner Basis befindet sich das **16 Denkmal für die Belgrader Verteidiger des Ersten Weltkriegs.** Während des Kampfes um Belgrad im Jahr 1915 wurden tote Soldaten unter den Mauern der Festung begraben. Nach dem Ersten Weltkrieg wurden ihre sterblichen Über-

← Jakšićs-Turm

reste in ein Beinhaus überführt. Zu Beginn des Ersten Weltkriegs war Belgrad eine Grenzstadt, von der Donau und der Save aus bombardierten die Truppen Österreich-Ungarns die Stadt. Als man zu dem Schluss kommen konnte, dass die Hauptstadt verloren war, rief Major Gavrilović mit seiner berühmten Rede die Soldaten in die Stadt, um sie zu verteidigen, und führte sie in die letzte Schlacht. In diesem Krieg verlor Serbien über 1.200.000 Menschen.

In unmittelbarer Nachbarschaft des Turms befindet sich die älteste Kirche Belgrads, die **17 Rosenkirche** (Crkva Ružica) aus dem 15. Jh. Eine der ungewöhnlichsten Kirchen der Welt, unter anderem auch deshalb einzigartig, weil die Kronleuchter aus Waffen, alten, schon gezündeten Granaten sowie Schwertern der Soldaten angefertigt wurden. Im Ersten Weltkrieg schwer beschädigt, wurde die Kirche 1925 nach Plänen des russischen Architekten Nikolaj Krasnov renoviert. Am Haupteingang stehen zwei aus Kanonenschalen gegossene Statuen, „Die bronzene Wache", die einen serbischen mittelalterlichen Ritter und einen Soldaten aus den Balkankriegen darstellen. Auf der westlichen Wand des Kirchenschiffs wurde von den russischen Emigranten Andrej Vasiljevič Bicenko ein Fresko gemalt, auf dem die Bergpredigt Christi dargestellt ist, zu-

Rosenkirche

sammen mit zuhörenden Persönlichkeiten wie König Petar I. Karađorđević und Zar Nikolai II. Romanov.

Hier, umgeben von weißen Steinen und einem Rosengarten, können Sie auf einer Parkbank vor der Kirche Ihren Blick auf die Donau richten und die Atmosphäre dieses Ortes in Ruhe genießen.

Neben den Mauern der Belgrader Festung, in unmittelbarer Nähe zur Rosenkirche, wurde die 18 **Kapelle der heiligen Petka** über der Quelle eines wundersamen Gewässers gebaut, welches angeblich viele Menschen geheilt haben soll. Die Quelle ist der Schutzpatronin der Stadt gewidmet, die am 27. Oktober gefeiert wird. Das heutige Aussehen der Kapelle geht auf ein Projekt Momir Korunovićs aus dem Jahr 1937 zurück, die Innenwände und Gewölbe sind von farbenprächtigen Mosaiken bedeckt. Die Quelle unter der Kapelle versiegte nur einmal in der Geschichte, als unheilbringendes Zeichen zu Beginn des Ersten Weltkriegs. Sie ist immer noch vorhanden, für die Besucher allerdings nicht zugänglich. Sie können sich aber mit diesem Wunder vollbringenden Wasser, das in abgefüllten Flaschen bereitsteht, erfrischen.

Der Weg neben der Kirche führt abwärts zum **Planetarium der Astronomischen Gesellschaft,** das sich in einem ehemaligen, vermutlich 1867 erbauten türkischen Hamam (Dampfbad) befindet. Das Gebäude wurde im Jahr 1968 mit einer für die Bedürfnisse eines Planetariums typischen Kuppel versehen. Die „Ruđer Bošković" Astronomische Gesellschaft ist eine der ältesten in Europa und die älteste auf dem Balkan, sie wurde 1934 gegründet.

Wir kommen auf der rechten Seite zum 19 **Tor Karls VI.,** das zwischen 1718 und 1736 als monumentaler Eingang zur Unteren Stadt, dem deutschen Kaiser gewidmet, erbaut wurde. Nach einigen Quellen wird die Barockfassade des Tors dem deutschen Architekten Balthasar Neumann zugeschrieben. Die Außenfassade wurde als Siegeszugang zur Kaiserstadt konzipiert, was das Monogramm Karls VI. über dem Tor verdeutlicht. An der Innenfassade sehen wir über dem Eingang das Wappen Serbiens als österreichisches Kronland und ein Ziermotiv, das den von einem Pfeil durchbohrten Kopf eines Ebers darstellt.

Neben dem Tor Karls VI. befindet sich das Gebäude der Militärküche, das heute vom Archäologischen Institut genutzt wird. Wenn Sie die nachfolgende Straße überqueren, erreichen Sie den 20 **Nebojša-Turm** (Sommer 11–19, Winter 10–18 Uhr, https://kulanebojsa.rs), der um 1460 erbaut wurde und zu den ältesten frühen Artillerietürmen gehört. Der Fall des Nebojša-Turms deutete auf den raschen Zusammenbruch der Stadt hin, die die Türken endgültig eroberten. Im Jahr 1521 befehligte der türkische Sultan Süleyman I. eine riesige Armee, die rund 300.000 Soldaten zählte. 700 Soldaten verteidigten Belgrad einen Monat lang. Am 29. August fiel die Stadt in die Hände der Türkei. Die Osmanen verwandelten den Turm in ein berüchtigtes Gefängnis und eine Folterkammer. Heute ist der Nebojša-Turm ein Ausstellungsgebäude. Die Kulisse im Erdgeschoß ist der Zeit gewidmet, in der hier der Kerker existierte. Auf

Rosenkirche, Ikonostase

Tor Karls VI.

der Ebene darüber werden die Persönlichkeit und Arbeit von Rigas Velenstinlis, auch Fereos genannt, dargestellt. Als Separatist und Revolutionär wurde er festgenommen, von den österreichischen an die osmanischen Behörden in Belgrad ausgeliefert und 1798 im Nebojša-Turm getötet. Zu Ehren dieses griechischen Dichters und Kämpfers für die Befreiung der Balkanvölker von den Türken wurde in der Tadeuša Košćuška ein Denkmal errichtet. Die Ausstellung im nächsten Stockwerk ist dem ersten serbischen Aufstand und der Entstehung des modernen serbischen Staates gewidmet. Auf der letzten Etage schließlich wird die abwechslungsreiche Geschichte Belgrads präsentiert. In einem separaten Raum ist ein Ausschnitt des ersten serbischen Films, „Leben und Taten des unsterblichen Führers Karadorde" aus dem Jahr 1911, zu sehen, der im Filmarchiv Austria gefunden wurde.

Vom Nebojša-Turm verläuft neben der befahrenen Straße ein Weg, der nicht zu empfehlen ist. Wenn Sie diese Strecke dennoch wählen, sehen Sie eine Bastion als Teil der Küstenmauern. Zum Zeitpunkt des österreichischen Wiederaufbaus der Festung wurde die Bastion nach dem heiligen Jakob benannt. Es folgen das 🏛 **Innere Save**-**Tor** und das 🏛 **Dunkle Tor**, das 1740 erbaut wurde und durch das die Türken gefangengenommene Rebellen auf den Sklavenmarkt trieben. Auf diesem Weg endet die erste Tour nach dem 🏛 **Äußeren Save**-**Tor**. Von dort gelangen Sie nach wenigen Gehminuten entlang der Straße zur Pariska und schließlich in die Fußgängerzone bzw. Knez Mihailova. Lassen Sie aber als Alternative den Tag in einem der exklusiven Restaurants der am Save-Ufer gelegenen 🏛 **Betonhalle** (Beton Hala, Karađorđeva 2), die 1939 als Hafenlager errichtet wurde, ausklingen. Von hier aus kann man zur richtigen Zeit einen spektakulären Sonnenuntergang beobachten, vielleicht im 🍴 **Restaurant Lavash** (Karađorđeva 2–4, Tel. +381 11 4036430, Mo-Mi 12–1, Do 12–2, Fr 12–3, Sa 11–3, So 10–1 Uhr), das eine Fusion aus orientalischer und lokaler Küche bietet.

Empfehlenswert ist jedoch auch die Strecke vom Nebojša-Turm zurück zur Oberstadt über das Pulverlager, von wo man auf die Überreste der Metropolitenkirche blicken kann, die sich zwischen dem oberen und unteren Kalemegdan befindet. An der Stelle, wo sich diese Kirche der Erlösung der Mutter Gottes befand, der wichtigste orthodoxe Komplex des mittelalterlichen Belgrads, haben die Archäologen aus zwei Metallstangen ein Kreuz aufgestellt. Dieser Teil des Kalemegdans ist nicht zugänglich.

Das ⭐21 **Pulverlager „Barutana"** (nicht immer geöffnet) wurde in der Mauer unter der Festung 1720 von den Österreichern erbaut. Nach der Renovierung wurde dieser Bereich zum Lapidarium des Nationalmuseums, wo Stelen, Sarkophage und Denkmäler aus der Römerzeit zu sehen sind. Sie wurden auf dem Territorium Singidunum, wie die Römer das spätere Belgrad nannten, und seiner Umgebung gefunden. Hier sehen Sie auch den „Jona-Sarkophag", das älteste gefundene Artefakt mit christlichen Symbolen auf dem Territorium von Belgrad.

Wir kehren vom Lapidarium über einen ansteigenden Weg und Treppen auf den Oberen Kalemegdan zurück und passieren das ⭐22 **Defterdar-Tor** (Defterdâr war der Titel der obersten Finanzbeamten im Osmanischen Reich), das im letzten Jahrzehnt des 17. Jh.s errichtet wurde. Auf der linken Seite befindet sich der ⭐23 **Mehmed-Paša-Sokolović-Brunnen.** Der berühmte osmanische Wesir stiftete ihn 1576/77 zu Ehren eines seiner Siege. Während der Arbeiten an der Restaurierung des Brunnens wurden mehrere archäologische Kulturschichten entdeckt, die von der Kontinuität der Besiedelung der Belgrader Festung zeugen. Es wurden Überreste aus dem späteren Neolithikum, Fragmente aus der Bronzezeit und mittelalterliche Keramik gefunden. In einer Tiefe von etwa zwei Metern unter der Erdoberfläche wurde ein Teil der nordwestlichen Wälle des römischen Militärlagers entdeckt, in dem die Legion IV Flavia Felix stationiert war.

Wir gehen weiter in Richtung des deutlich sichtbaren Uhrturms und treffen auf die

Defterdar-Tor

⭐24 **Damad-Ali-Paša-Türbe,** einen der beiden erhaltenen muslimischen Mausoleen in Belgrad. Ali Paša war der Großwesir des Osmanischen Reiches und führte die türkische Armee im Jahr 1716 gegen die Österreicher in der Schlacht bei Petrovaradin (Peterwardein) an, wurde verwundet und starb bald darauf. Seine Beisetzung erfolgte in der Belgrader Festung, 1783 wurde eine Türbe über seinem Grab errichtet.

Vor uns befindet sich der etwa 27 Meter hohe Glockenturm ⭐25 **Sahat-Kula** (Sommer 11–19, Winter 10–17 Uhr), eines der bekanntesten Wahrzeichen der Oberstadt, der sich über dem Sahat-Tor erhebt. Das Aussehen des Turms mit ausgeprägten Elementen des Barocks zeugt von seiner Entstehungszeit ab 1740. Als eines der wenigen Gebäude in der Belgrader Festung, das keinen nennenswerten Schaden erlitten hat, bewahrt der Glockenturm authentische architektonische und stilistische Merkmale dieser Zeit.

Auf der rechten Seite des Turms ist das 🏛 **Museum der Belgrader Festung** (derzeit geschlossen) untergebracht, das Modelle der Festung sowie Pläne ihrer Entwicklung zeigt. Unterhalb des Glockenturms sehen wir das ⭐26 **Sahat-Tor,** den Haupteingang in die Obere Stadt, das aus dem Ende des 17. Jh.s stammt, als die Türken die Festung wieder aufbauten. In den Mauern sind noch immer die Schäden durch die Schlachten und Kanonenkugeln zu sehen. Innerhalb des Sahat-Tors wurden in den Kasematten Waffen und anderes militärisches Material verwart.

Nachdem wir das Sahat-Tor und die folgende Holzbrücke hinter uns gelassen haben, kommen wir auf der rechten Seite zum 27 **Militärmuseum** (Di–So 10–17 Uhr). Es wurde 1878 durch Erlass des Fürsten Milan Obrenović gegründet, die erste Ausstellung wurde 1904 anlässlich des hundertjährigen Jubiläums des bereits erwähnten Ersten Serbischen Aufstands eröffnet. Im Jahre 1924 begannen die Arbeiten am heutigen Gebäude des Museums nach einem Entwurf des russischen Architekten Nikolai Wassiljew. Zunächst als Militärgeographisches Institut genutzt, wurde es schließlich im Jahr 1956 zum Militärmuseum. Die Dauerausstellung des Museums zeigt die Militärgeschichte Serbiens und Jugoslawiens, von der Ankunft der Slawen auf dem Balkan bis zum Ende des 20. Jh.s und die jüngsten Kriegsereignisse in den Neunzigerjahren des 20. Jh.s. In 52 Räumen sind Rekonstruktionen großer mittelalterlicher Schlachten und mehr als 3000 Museumsobjekte zu sehen. Gezeigt werden Waffen, Flaggen, Uniformen, Fotos, Dokumente sowie Zeugnisse von Leid, Kämpfen und Verteidigung. Im Museum ist die Zeit scheinbar stehen geblieben und die permanente Ausstellung hat sich nicht wesentlich verändert. Vor dem Museum und in den benachbarten Gräben sind allerlei schwere Waffen zu sehen, Kriegsmaterial von der Mitte bis zum Ende des 20. Jh.s, Artilleriegeschütze sowie auch Panzer aus dem Zweiten Weltkrieg. In den 28 **Kasematten des Militärmuseums** (Sommer 11–19, Winter 10–17 Uhr) wurde eine Ausstellung mittelalterlicher Folterwerkzeuge eröffnet. Mehr als sechzig Objekte vermitteln den Besuchern ein originalgetreues Bild der dunklen Seite der europäischen Geschichte.

Wir beenden unsere Tour hier beim Militärmuseum, von wo Sie durch das Innere Stambol-Tor und Karadorde-Tor gehen können und über die Kalemegdan-Promenade schließlich zur pulsierenden Knez Mihailova gelangen.

Damad-Ali-Paša-Türbe

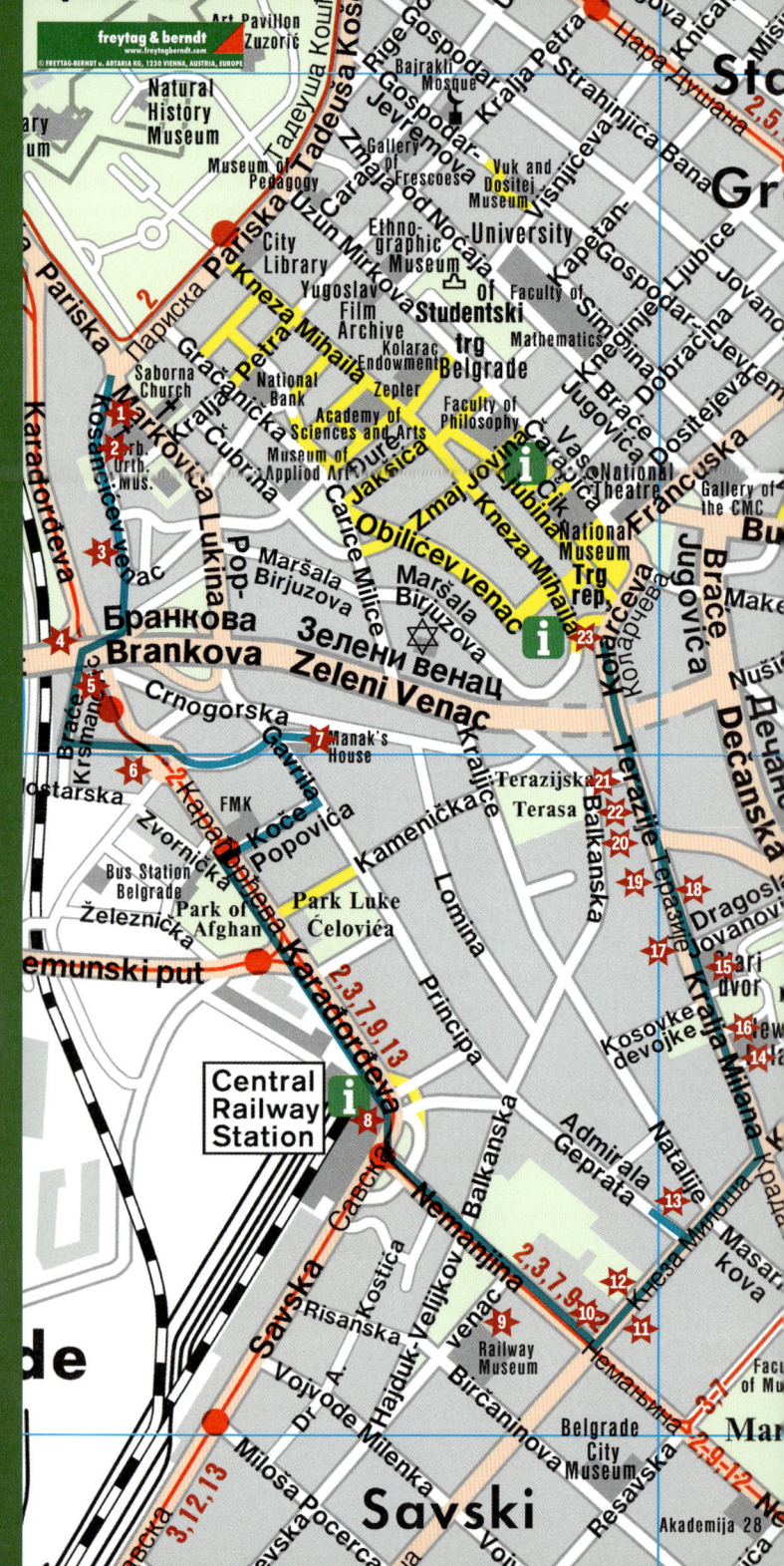

Neuer Palast

2 Savamala und Terazije: Von der Save ins Zentrum

AUSGANGSPUNKT Kneza Sime Markovića
ENDPUNKT Terazije
DAUER Je nach Tempo und Aufenthalt ca. 4 Stunden

DIE ROUTE Etappe 1: ❶ Österreichische Botschaft, ❷ Haus von Mihailo Petrović, ❸ Pavillon des Graphischen Instituts der staatlichen Druckerei, ❹ Branko-Brücke, ❺ Denkmal für die von Ende März bis Mai 1942 in Belgrad getöteten Juden, ❻ ehem. Genossenschaftsgebäude, ❼ Manak-Haus. Etappe 2: ❽ ehem. Hauptbahnhof, ❾ Gebäude der Eisenbahnen Serbiens, ❿ Regierungsgebäude der Republik Serbien, ⓫ Ruinen des Bundesministeriums für Verteidigung und des Generalstabs der jugoslawischen Armee, ⓬ Denkmal „Takovo-Aufstand 1815", ⓭ Christi-Himmelfahrts-Kirche. Etappe 3: ⓮ Ivo-Andrić-Gedenkmuseum, ⓯ Alter Palast, ⓰ Neuer Palast, ⓱ Vuk-Stiftung, ⓲ Denkmal für fünf Patrioten, ⓳ Krsmanović-Palast, ⓴ Anker Versicherungsgesellschaft, ㉑ Terazije-Brunnen, ㉒ Hotel Moskva, ㉓ Palata Albanija

Die Savamala wurde nach dem Fluss Save benannt, wobei der zweite Teil des Namens vom türkischen *mahalle*, „Stadtviertel", stammt. Hier ist das neue serbische Belgrad außerhalb der Stadtmauern entstanden, und zwar nach dem Zweiten Aufstand 1815, der zur Autonomie innerhalb des Osmanischen Reiches und zur Gründung des Fürstentums Serbien führte. Miloš Obrenović, Gründer der Obrenović-Dynastie, wurde damals zum Führer gewählt. Er umriss klar seine urbane Agenda für die Schaffung der zukünftigen Hauptstadt und beschloss, eine moderne Stadt am Ufer der Save nach europäischem Vorbild zu errichten. Die Savamala reicht vom Stadtjuwel Kosančićev venac über die verkehrsreiche Hauptstraße Karađorđeva am rechten Saveufer bis hin zur Kneza Miloša mit ihren Prachtbauten. Unsere Tour endet auf dem Hauptplatz Terazije mit seinen zahlreichen reizvollen Palais.

Etappe 1: Über die Kleine Treppe ins Viertel Savamala

Als eindrucksvollen Ausgangspunkt wählen wir das Gebäude der **1 Österreichischen Botschaft** in der Kneza Sime Markovića 2, der ehemalige Palast des Kaufmanns Dimitrije Krsmanović. Es wurde 1899 im Stil des Akademismus erbaut, seit 1955 ist hier die Vertretung Österreichs ansässig. An der benachbarten Ecke zur Pariska befindet sich die **Große Treppe**, die abwärts auf die Savamala führt. Bis zum Ersten Weltkrieg war Belgrad eine Grenzstadt, wobei die Save eine natürliche Grenze zu Österreich-Ungarn bildete. Der Belgrader Hang

Österreichische Botschaft

bis zur Save war immer von Menschenmassen bevölkert, in diesem Bereich herrschte reges Treiben. Die Große Treppe wurde von Fürst Mihailo Obrenović III. finanziert, als er erkannte, wie schwer es war, auf diesem steilen Abhang hinauf- und hinabzusteigen. Deshalb ließ er 1862 diese Treppe vom Baumeister Štajnlehner errichten.

Unser Spaziergang auf der Kosančićev venac *(venac* bedeutet „Kranz"), einem schönen, begrünten und ruhigen Teil der Stadt mit Blick auf den Fluss, führt uns an der Nummer 22 vorbei, am **Haus von Mihailo Petrović,** einem angesehenen serbischen Mathematiker und Reiseschriftsteller. Der Architekt Petar Bajalović hat dieses 1910 fertiggestellte Haus mit einer interessanten Kombination aus mährischer Schachbrettverzierung über dem Balkonfenster und Wiener Jugendstil in Form von Blumenmotiven und Masken versehen. Gegenüber steht die **Büste von Mika Alas** (Mihailo Petrović). Alas bedeutet „Flussfischer" und der Mathematiker Petrović war leidenschaftlicher Fischer.

Falls Sie die Küche eines mit einem Michelin-Stern ausgezeichneten Restaurants probieren möchten, ist das **Langouste** (Kosančićev venac 29, Tel. +381 11 3283680, www.langouste.rs) der perfekte Ort dafür. Von hier aus

Haus von Mihailo Petrović, Detail

hat man einen fantastischen Blick auf Save und Donau. Für den Kauf von Souvenirs eignet sich das Geschäft mit Bistro **Makadam** (Kosančićev venac 20, Tel. +381 11 2630272, https://makadam.rs, tägl. 9–21 Uhr). Hier kann man interessante Produkte von einheimischen Handwerkern und Designern erwerben.

In den 1920er-Jahren wurde auf Nummer 19 der **Pavillon des Graphischen Instituts der staatlichen Druckerei** errichtet. Mit der Ankunft von bildenden Künstlern in den ersten Nachkriegsjahren wurde es als „Malerhaus" bekannt und war Wohnort und Atelier vieler bekannter Belgrader Maler. Dort können Sie die **Verkaufsgalerie „Beograd"** (Kosančićev venac 19, Tel. +381 11 3287325, http://galerijabeograd.org, Mo–Fr 9–19, Sa 9–15 Uhr) besuchen, wo hauptsächlich Werke inländischer Künstler angeboten werden.

Gegenüber sind die Ruinen der 1832 gegründeten Nationalbibliothek zu sehen, die seit 1925 in einem neoklassizistischen Palast für die Öffentlichkeit zugänglich war. Unter den Grundmauern wurden die Reste von römischen Villen und Thermen, Mosaikfragmente und Fresken entdeckt. Bei der Bombardierung von Belgrad durch die Deutschen

> ★ **UNBEDINGT HINGEHEN**
>
> Kosančićev venac → Seite 37
> Ruinen des Bundesministeriums der Verteidigung und des Generalstabs der jugoslawischen Armee → Seite 45
> Christi-Himmelfahrts-Kirche
> → Seite 46

am 6. April 1941 wurde die Bibliothek in Brand gesetzt. Betroffen waren eine Sammlung von über 300.000 Büchern, äußerst wertvollen mittelalterlichen Manuskripten sowie Karten, Gravuren und Gemälden. Zeugnisse einer jahrhundertelangen serbischen Geschichte wurden zu Staub und Asche. Die Bombardierung war die Rache der Deutschen für den Militärputsch durch eine Gruppe von Offizieren der jugoslawischen Armee, bei dem sie die Regierung stürzte. Zwei Tage zuvor unterzeichnete diese in Wien ein Protokoll zum Beitritt des Königreichs Jugoslawien zum Dreimächtepakt (Deutschland, Italien, Japan). Am 27. März 1941 gingen Tausende von Demonstranten in Belgrad auf die Straße und riefen: „Besser Krieg als Pakt, besser Grab als Sklave." Der Zeitpunkt des Rückzugs aus dem Dreimächtepakt gilt als einer der wichtigsten in der serbischen und jugoslawischen Geschichte des 20. Jh.s und wird als Beginn des Widerstands gegen den Faschismus gefeiert.

Am Ende der Straße kommen wir am 🏛 **Haus des Kaufmanns Trajković** vorbei, das 1895 im Stil des Eklektizismus gebaut wurde. In der Hausnische befindet sich eine Büste des in Volksliedern besungenen Helden Ivan Kosančić, ein Ritter, der in der historischen Schlacht von Kosovo 1389 sein Leben ließ. Die Treppe neben dem Gebäude führt hinunter zur kopfsteingepflasterten Fruškogorska, die im Bereich des einstigen Schanzengrabens verläuft, der die Stadt umgab. Gegenüber dem Treppenende steht der hoch in den Himmel ragende 🏛 **Obelisk**, der zum Gedenken an die erste Konferenz der Blockfreien Staaten in Belgrad 1961 errichtet wurde. Im Verlauf der Fruškogorska kommt man über die Kleine Treppe zur Karađorđeva hinunter, deren Bebauung von der Entwicklung Belgrads nach der Befreiung von den Türken

Wandgemälde „La Santa De Beograd" von Remed

zeugt. Leider ist die heutige Savamala mit Baustellen übersät und ihre ehemalige Schönheit kann man nur an den Fassaden der Häuser und an den breiten Straßen erahnen. Die Savamala überzeugt mit üppiger Architektur, einer Mischung aus Akademismus und Jugendstil, die im gesamten Stadtviertel anzutreffen ist.

Die Karađorđeva ist eine der ältesten Straßen in Belgrad und wurde erst 1906 nach Karađorđe benannt, der sich von hier aus auf den Weg machte, um Belgrad zu erobern. Abgesehen von den Läden wurden entlang der Karađorđeva Lagerhäuser in den Save-Abhang gebaut. In der Nachkriegszeit wurde die Straße zu einem Korridor für den Güterverkehr.

Entdecken Sie auf Nummer 31 das 🏛 **Wandgemälde „La Santa De Beograd"**, das der französische Künstler Remed 2008 geschaffen hat. Falls der Hof neben dem Gebäude geöffnet ist, können Sie ein authentisches altes Lagerhaus sehen und sich an einem frischen „Spritzer", Weißwein mit Sodawasser, erfreuen. Ehemalige Kräne, mit denen Waren in die oberen Teile der Stadt gehoben wurden, sind hinter zwei Pfeilern zu erkennen, ebenso Lüftungsschlitze und runde Ziegeltürme.

Unsere nächste Station ist die ✦ **Branko-Brücke,** die das alte Belgrad über die Save mit Novi Beograd und Zemun verbindet und nach dem romantischen Dichter Branko Radičević benannt ist. Der offizielle ehemalige Name während der sozialistischen Herrschaft lautete „Brücke der Brüderlichkeit und Einheit". Der Unterbau mit den Pfeilern

Denkmal für die getöteten Juden

Von der Branko-Brücke nach rechts abbiegend nähern wir uns auf der Braće Krsmanović einem 🟊 **Denkmal für die von Ende März bis Mai 1942 in Belgrad getöteten Juden.** Die Juden wurden aus dem „Judenlager Semlin" hierher gebracht (siehe Seite 122). Großteils Frauen mit ihren Kindern, die von hier mit einem Fahrzeug der Marke „Sauer" in den Stadtteil Jajinci weitertransportiert wurden, wo bereits Massengräber ausgehoben worden waren. Während der Fahrt wurde in der Dunkelheit des geschlossenen Lastwagens Gas freigesetzt – in etwas mehr als zwei Monaten wurden an die 6300 Menschen getötet, darunter mehr als 1100 Kinder. Zeugen berichteten, dass, während die SS-Unteroffiziere Götz und Meyer darauf warteten, dass der Lkw gefüllt wurde, sie Kinder zu sich riefen und ihnen Süßigkeiten schenkten. Nach der Massenvernichtung wurde von den Deutschen bekanntgegeben, dass die „Judenfrage" in Serbien gelöst sei. Auf dem Boden des Denkmals befindet sich ein authentischer Continental-Reifen-Abdruck eines der deutschen Lastwägen. Zwei eng nebeneinander aufgestellte Betonplatten vermitteln eine Ahnung davon, wie sich die in die Lastwägen gezwängten Menschen gefühlt haben müssen. Die dreieinhalb Meter hohe Tafel hat drei Öffnungen: eine vertikale mit

im serbo-byzantinischen Stil, das Werk von Nikolaj Krasnov, sind die Überreste der 1934 erbauten großen Hängebrücke von König Aleksandar I. Karađorđević. Sie wurde im selben Jahr eröffnet, in dem der König in Marseille ermordet wurde, 1941 von den Deutschen bombardiert und dann von der königlichen jugoslawischen Armee abgerissen, um den Einzug der Deutschen in Belgrad zu verlangsamen. 1956 wurde die heutige Brücke von der deutschen Firma MAN errichtet. Mutige Belgrader Bürger verteidigten sie vor dem NATO-Bombenanschlag von 1999, indem sie sich, nachdem das Sirenengeheul in der Stadt losging, in großer Zahl versammelten und Musikbands kostenlose Rockkonzerte veranstalteten.

Blick auf das Messegelände, eine kleine in Höhe eines Kindes und eine dritte oben, die symbolisch den Himmel darstellt, die letzte Sicht der Opfer vor dem Einsteigen in den Gaswagen.

Auf Nummer 2 der Braće Krsmanović befindet sich das 🏛 **Spanische Haus**, das um 1880 errichtet und für den Belgrader Hafen genutzt wurde. Während der Spanischen-Grippe-Epidemie 1918, von daher der Name, wurde es unter Quarantäne gestellt. Heute ist das Gebäude heruntergekommen, ohne Dach und Fenster.

Auf Nummer 4 ist das 🏛 **GRAD – Europäisches Zentrum für Kultur und Debatte** (Braće Krsmanović 4, http://kcgrad.rs) untergebracht. Das alte Lagerhaus wurde 1884 erbaut und in einen multifunktionalen Raum umgewandelt, in dem Ausstellungen, Konzerte, Theateraufführungen, Workshops u. v. m. stattfinden.

Wir kehren auf die Karađorđeva zurück, wo Sie Fahnen mit den Aufschriften „Belgrade Waterfront" und „Eagle Hills" sehen. Hier am Saveufer entsteht seit 2016 ein neuer Stadtteil, der die jahrhundertealte Identität der Stadt grundlegend verändern wird.

Im Gegensatz zu diesem modernen, umstrittenen Projekt hat einer der reichsten Belgrader Bürger, der Großhändler Luka Ćelović Trebinjac, diesem Teil der Stadt zu Beginn des 20. Jh.s einen besonderen Stempel aufgedrückt. Zu dieser Zeit betrachteten wohlhabende Leute das Errichten von Stiftungen als eine Art Verpflichtung, so hat Ćelović sein ganzes Vermögen der Belgrader Universität

Spanisches Haus, dahinter KC Grad und weiter hinten Eagle Hills

geschenkt. An der Ecke der Karađorđeva sehen wir auf Kraljevića Marka 1 das Familienhaus dieses großen Wohltäters. Ćelović war 1882 einer der Gründer der Belgrader Genossenschaft und ihr lebenslanger Präsident. Gegenüber seinem Wohnsitz ließ er nach Plänen der Architekten Andre Stevanović und Nikola Nestorović das 6 **Genossenschaftsgebäude** (Karađorđeva 48), eines der schönsten Paläste, errichten. Es wurde 1907 erbaut und zeigt Elemente des Akademismus und des Wiener Jugendstils, mit Einflüssen der französischen Architektur. Nach dem Zweiten Weltkrieg diente der Palast verschiedenen Verwendungszwecken, heute beherbergt es die Direktion des Stadterneuerungsprojekts „Belgrade Waterfront". Nach Plänen von Nikola Nestorović ließ Ćelović 1912 gleich nebenan das mit Jugendstilelementen ausgestattete Hotel Bristol erbauen. Das mittlerweile stillgelegte Hotel erregte während der 34. Weltbankversammlung und des Internationalen Währungsfonds Aufmerksamkeit. Bei dieser Gelegenheit soll David Rockefeller gebeten haben, in diesem Hotel, wo er als Pfadfinder eine Nacht verbracht hat, übernachten zu dürfen.

Wir gehen die Kraljevića Marka hinauf bis zur Gavrila Principa. Benannt wurde die Straße nach dem Mitglied der politisch-revolutionären Jugendorganisation Junges Bosnien, Gavrilo Princip, der das Attentat auf den österreichisch-ungarischen Kronprinzen Franz Ferdinand von Österreich-Este und seiner Frau Sophie Herzogin von Hohenberg am 28. Juni 1914 in Sarajevo verübt hat. Die Tat soll in dem nahe gelegenen Café Zlatna moruna (Kraljice Natalije 30) geplant worden sein.

An der Ecke der beiden Straßen befindet sich das 7 **Manak-Haus**, eines der wenigen erhaltenen Beispiele balkanisch-orientalischer Architektur. Es wurde um 1830 errichtet und nach seinem Besitzer, dem Kaufmann Manak Mihailović, benannt. Heute ist das Haus Teil des Ethnografischen Museums (Di–Sa 10–17 Uhr) und beherbergt die reiche ethnografische Sammlung des Malers Hristifor Crnilović. Neben der Präsentation von wertvollen Trachten gibt es hier Workshops zum Erlernen bestimmter traditioneller Volkshandwerke sowie einen Souvenirladen.

Auf der anderen Straßenseite erreichen Sie das kleine Süßwarengeschäft **Bosiljčić** (Gavrila Principa 14, Tel. +381 11 2623171, www.ratluk-bosiljcic.co.rs). Diese Institution wurde 1936 gegründet und hat sich ihr authentisches Aussehen bewahrt. Seit Jahrzehnten werden hier Süßwaren ohne Konservierungsstoffe und chemische Zusätze nach Originalrezept hergestellt. Gelees,

Ehemaliges Genossenschaftsgebäude

Lokum oder Lutscher in Form des Belgrader Festungsschlüssels können hier erstanden werden.

Wir folgen der Gavrila Principa bis zur Koče Popovića, wo sich ein Häuserblock mit Inschriften und dem Konterfei Ćelovićs befindet. In dem Wissen, dass die Belgrader das Grüne lieben, ließ der Händler an der Ecke Karađorđeva/Lička einen nach ihm benannten Park anlegen, in dem er zusammen mit Gärtnern Rosen pflanzte. Nach dem Krieg wurde der Park zu einem Sammelplatz für Prostituierte, heute ist er ein Aufenthaltsort für Flüchtlinge.

Etappe 2: Vom Bahnhof zum Hamam

Zurück auf der Karađorđeva, sehen Sie nach einigen Gehminuten auf der rechten Seite den **8 ehem. Hauptbahnhof.** Er wurde 1884 als repräsentatives Gebäude errichtet – vermutlich nach Entwürfen des Wiener Architekten Wilhelm von Flattich –, nachdem auf dem Berliner Kongress 1878 eine der Bedingungen für die Unabhängigkeit Serbiens der Bau eines Eisenbahnabschnitts war, der Wien mit Istanbul verbinden und die serbischen Eisenbahnen an das österreichisch-ungarische Schienennetz anschließen sollte. Die ersten Passagiere Richtung Wien waren König Milan I., Königin Natalija und Kronprinz Aleksandar Obrenović. Der letzte Zug fuhr am 30. Juni 2018 nach Budapest, danach wurde der 134 Jahre alte Bahnhof geschlossen. Das bereits erwähnte Stadterneuerungsprojekt „Belgrade Waterfront" entsteht auf dem Areal der Bahnhofsanlagen entlang der Save.

Vom Hauptbahnhof kommend spazieren wir die Nemanjina hinauf, eine Straße, die nach dem Gründer der mittelalterlichen Herrscherdynastie Nemanjić benannt ist. Auf der linken Seite befinden sich der 🏛 **Finanzpark und das Denkmal für Gavrilo Princip.** Auf der rechten Seite sehen Sie das **9 Gebäude der Eisenbahnen Serbiens** im neoklassizistischen Stil im Jahr 1931 erbaut. Ein besonders interessantes Detail ist der Glockenturm über dem zentralen Teil der Hauptfassade, hervorgehoben durch die zwei seitlich montierten Atlanten. 1953 wurde in dem hier beheimateten 🏛 **Eisenbahnmuseum** (Nemanjina 6, Tel. +381 11 3610334, www.zeleznicesrbije.com/zeleznicki-muzej, Mo–Fr 9–15 Uhr) die noch heute existierende Dauerausstellung „Die Geschichte der jugoslawischen Eisenbahnen" eröffnet. Unter den 40.000 in mehreren Sammlungen zusammengefassten Objekten befindet sich auch das Originalschild des Orient Express. In einem Auszug der Zeitung *Srpske novine* vom Oktober 1888 ist zu lesen, dass jeden Freitag der „Blitzzug" eintrifft, der erste direkte Zug auf der Strecke Paris–Wien–Pest–Belgrad–Konstantinopel.

Weiter oben, an der Kreuzung Nemanjina/Kneza Miloša, erreichen wir zu unserer Linken das **10 Regierungsgebäude der Republik Serbien** und gegenüberliegend zu unserer Rechten das 🏛 **Außenministerium,** beides im Stil des Akademismus. Zu den bemerkenswerten Baumeistern in Belgrad zwischen den beiden Weltkriegen gehörten Russen, darunter Nikolaj Petrovič Krasnov, der mit der großen Auswanderungswelle nach der Oktoberrevolution nach Belgrad kam. Der Palast des heutigen Regierungsgebäudes der Republik Serbien wurde nach seinen Plänen 1928 erbaut. Die dominante Winkellage des Gebäudes wird durch die Kuppel unterstrichen, auf der eine Bronzeskulptur errichtet wurde. Die Personifikation von „Serbien" bzw. „Jugoslawien" ist über drei

Gebäude der Eisenbahnen Serbiens

Meter hoch und stellt ein Mädchen mit einem Lorbeerkranz auf dem Kopf dar, das in der rechten Hand eine hochgehaltene Fackel und in der linken ein Schild mit Wappen hält. Der Bildhauer der Skulptur sowie der allegorischen Darstellungen von Handwerk, Handel, Industrie und Finanzen war Đorđe Jovanović. Im Jahr 2003 wurde der damalige Premierminister Zoran Đinđić vor dem Eingang des Regierungsgebäudes ermordet. Er spielte eine herausragende Rolle bei den Straßendemonstrationen am 5. Oktober 2000, die zum Sturz Slobodan Miloševićs führten.

Das heutige Gebäude des Außenministeriums der Republik Serbien ist ein Beispiel der Belgrader Zwischenkriegsarchitektur und stammt von Nikolaj Krasnov. Einen besonderen Beitrag zur Fassadenkunst leisteten die Bildhauer Petar Palavičini, Dragomir Arambašić und Živojin Lukić. In der Kuppel dominieren allegorische Figuren aus der Forstwirtschaft und Ernte, Skulpturen aus Bergbau, Viehzucht und Weinbau sind auf anderen Gebäudeteilen zu erkennen.

Ein Stück weiter hinterlassen die **11 Ruinen des Bundesministeriums der Verteidigung und des Generalstabs der jugoslawischen Armee,** die bei den NATO-Bombenangriffen beschädigt wurden, einen gespenstischen Eindruck. Die Bauwerke wurden zwischen

Denkmal „Takovo-Aufstand 1815"

1955 und 1965 errichtet und waren repräsentativ für Nikola Dobrović, einem der wichtigsten Belgrader Architekten. Die beiden Gebäude begrenzen symbolisch die Sutjeska-Schlucht, die an die Schlacht der Nationalen Befreiungsarmee im Juni 1943 am Fluss Sutjeska erinnert.

Folgen Sie jetzt der Knez Miloša, wo sich auf der linken Seite das **12 Denkmal „Takovo-Aufstand 1815"** für Fürst Miloš Obrenović befindet. Es wurde zur Erinnerung an den Zweiten Serbischen Aufstand errichtet und zeigt Fürst Miloš mit einem Säbel und den orthodoxen Geistlichen Archimandrit Melenti, wie beide zum Aufstand aufrufen. Das Denkmal ist das Werk des serbischen Bildhauers und Malers Petar Ubavkić.

Christi-Himmelfahrts-Kirche

Wir gehen die Knez Miloša entlang und biegen links in die Admirala Geprata ein. Auf der rechten Seite befindet sich die ⓭ **Christi-Himmelfahrts-Kirche**, die 1863 im Auftrag von Fürst Mihailo III. Obrenović in der Bauweise eines mittelalterlichen serbischen Klosters entworfen wurde. Der Glockenturm beherbergt fünf Glocken, darunter jene, die als erste zur Unabhängigkeit Serbiens in der Domkirche (siehe Seite 61 f.) geläutet wurde. Sehenswerte Fresken und Ikonen zeichnen das Innere der Kirche aus. Bei den Bombenangriffen auf Belgrad in den Jahren 1941 und 1944 wurde die Kirche schwer beschädigt. Im Hof steht ein Kreuz als Denkmal für die Opfer der Bombardements. Jedes Jahr zu Christi Himmelfahrt nimmt von hier aus eine Prozession ihren Ausgang, die sich durch die Straßen von Belgrad bewegt.

Schräg gegenüber der Kirche befand sich der im Zweiten Weltkrieg bombardierte Fürstenpalast. Ein Teil davon, das für Fürst Miloš 1838 gebaute Bad, ein Hamam, existiert heute noch als Teil des 🍴 **Restaurants „Monument"** (Admirala Geprata 14, Tel. +381 11 7617254, www.monument. rs, Mo–Sa 8–1, So 7.30–24 Uhr). Während der Betriebszeiten können Sie das Hamam besichtigen, gut essen und sich nach der langen Strecke erholen. Wie der Palast aussah, zeigen dort angebrachte Schilder.

Etappe 3: Über die Kralja Milana zum Hotel Moskva

Zurück auf der Kneza Miloša, sieht man an der Ecke zur Masarikova beim Eingang in das Gebäude des Energieversorgungsbetriebs ein Relief zum

Gedenken an die erste elektrische Glühlampe, die hier 1880 in einem Gasthaus erstrahlte. Nach kurzer Wegstrecke biegen wir links in die Kralja Milana ab. In den Vierzigerjahren des 19. Jh.s entstand hier eine der wichtigsten Kreuzungen des Stadtzentrums, benannt nach dem ehemaligen Hotel „London", wo die erste Straßenbahnlinie vorbeifuhr und die erste Ampel in der Stadt 1953 angebracht wurde. An der Ecke der Straßen Knez Miloša und Kralja Milana steht das 🏛 **ehem. Haus der Sparkasse Vračar**, ein bedeutendes Werk aus dem Jahr 1906. Die Straßenfassaden sind mit Girlanden geschmückt und von der Tradition des europäischen Akademismus geprägt. Nach dem Krieg ist ein weiteres Bauwerk auf der anderen Straßenseite mit einem ähnlichen Zweck hinzugekommen, der prächtige Palast der 🏛 **ehem. Adria-Donau-Bank** von 1924, heute beherbergt er die Alpha-Bank. Eine Skulptur der Liebesgöttin Venus von Petar Palavičini macht im Inneren mit ihrer Schönheit auf sich aufmerksam. Das Palais an der Kralja Milana/Ecke Andrićev venac wurde 1925 vom Ingenieur Miloš Savčić errichtet. Das Äußere ist im Stil des Akademismus gehalten, wobei ionische Säulen die Fassade akzentuieren. Im Erdgeschoß befindet sich die Verkaufsgalerie 👜 **Dvorska galerija** (Andrićev venac 4, Tel. +381 60 0323327, www.dvorskagalerija.rs, Mo–Fr 10–21, Sa 10–20 Uhr) mit einer Ausstellung serbischer Maler des 19. und 20. Jh.s. Empfehlenswert!

An der kleinen, reizvollen Promenade, der Andrićev venac, dominieren ein Brunnen und ein 🏛 **Denkmal für den Literaturnobelpreisträger Ivo Andrić**, das 1992 errichtet worden ist. Andrić ist als Spaziergänger zu sehen. Er ist oft von seiner Wohnung zum Kalemegdan gegangen. Auf Nummer 8 befindet sich das 🔖 **Ivo-Andrić-Gedenkmuseum** (Andrićev venac 8, Tel. +381 11 3238397, www.mgb.org.rs/posetite/muzej-ive-andrica, Di, Mi, Do, Sa 10–17, Fr 10–18, So 10–14 Uhr),

> ★ **UNBEDINGT HINGEHEN**
> Andrićev venac → Seite 47
> Alter und Neuer Palast → Seite 48 f.
> Terazije-Brunnen → Seite 52

das 1976 als Teil des Belgrader Stadtmuseums eröffnet wurde. Der Schriftsteller lebte mit seiner Frau Milica Babić seit 1958 in dieser Wohnung. Der authentische Grundriss, der Salon und das Arbeitszimmer von Andrić blieben erhalten. In einem weiteren adaptierten Raum wurde eine Dauerausstellung eröffnet, die das Leben und Werk des Schriftstellers chronologisch zeigt. Präsentiert werden originales Museumsmaterial aus dem Erbe von Andrić und persönliche

Alter Palast

Gegenstände von ihm. Andrić war einer der bedeutendsten Schriftsteller des ehemaligen Jugoslawiens. Er wurde 1892 in Travnik geboren, besuchte Schulen in Sarajevo, Zagreb, Wien, Krakau und war als Mitglied der Organisation Junges Bosnien inhaftiert. 1919 ließ er sich in Belgrad nieder, wo er bis zum Ausbruch des Zweiten Weltkriegs blieb. Seine wichtigsten Romane schrieb er während der Besatzungszeit von 1941 bis 1945. Ivo Andrić verstarb 1975 in Belgrad.

Gleich neben der Andrićev venac und ungewöhnlich nahe in der Nachbarschaft von Wohnhäusern befinden sich der Neue und der Alte Palast, dazwischen ein Hofgarten mit Springbrunnen. Beide Paläste sind Zeugnisse der Herrschaft zweier Dynastien, der Obrenović und Karađorđević. Der **Alte Palast** stammt aus dem Jahr 1884 und wurde im Geiste des Akademismus von Aleksandar Bugarski entworfen. Die Fenster und die Fassade werden von dorischen Säulen, Karyatiden, Gryphonen und anderen skulpturalen Motiven belebt. Der Adler an der Spitze der Eckkuppel wurde in der kommunistischen Zeit durch einen fünfzackigen Stern ersetzt. Anfang 1997 wurde dieser wieder abgebaut und eine vergoldete Skulptur eines zweiköpfigen Adlers angebracht. Die Ausstattung und die Möbel im Palast wurden von den Wiener Werkstätten hergestellt. Der König soll beim Schlossbau von der Schönheit seiner Frau, Königin Natalija, inspiriert worden sein. Er trennte sich später von ihr und lebte im Wiener Hotel Imperial, ehe er in Wien eine Wohnung in der Johannesgasse 16 bezog, in der er 1901 starb. Heute ist der Alte Palast Sitz der Belgrader Stadtversammlung.

Hier kurz noch etwas Geschichtliches zum Ende der Dynastie Obrenović: Nach der Trennung von König Milan musste Königin Natalija Serbien verlassen. Sie ging nach Biarritz und lud eine ihrer Hofdamen, Draga Mašin, ein, dorthin mitzukommen. In der Residenz der verbannten Königin lernte Mašin den zukünftigen König Aleksandar kennen, der sich obsessiv in die viel ältere Draga verliebte. Das Paar heiratete gegen den Willen seiner Eltern, des Hofs und der Bürger. Als Königin ersetzte Draga Staatsbeamte und griff auch in Personalentscheidungen des Militärs ein, womit sie einen fatalen Fehler beging. Eines Nachts im Juni 1903 stürmten Verschwörer den Hof und töteten den König und die Königin. Damit war die Obrenović-Dynastie mit einem Schlag ausgelöscht.

Gegenüber dem Alten Palast wurde von Stojan Titelbah im Jahr 1922 der ◄16► **Neue Palast** erbaut. Er bemühte sich, ihn auf die gleiche Weise wie das Alte Palais im Stil des Akademismus mit Elementen der Renaissance- und Barockarchitektur zu bauen. Der Sohn von Petar I., Aleksandar I. Karađorđević, zog 1922 nach seiner Krönung in den Neuen Palast. Bis zu seiner Ermordung in Marseille war dieses Gebäude die offizielle Residenz des Königs. Nach dem Zweiten Weltkrieg führten die kommunistischen Behörden Umbauten durch und entfernten Symbole, die sich auf die Zeit des Königs bezogen. Das ganze Plateau bekam ein völlig neues Gesicht, auch der Schlosspark und der Zaun um ihn herum verschwanden. Heute ist der Neue Palast Sitz des serbischen Präsidenten.

Gegenüber auf der anderen Straßenseite im Park Aleksandrov befindet sich ein 🏛 **Denkmal für Zar Nikolaus II. Romanow,** das 2014 errichtet wurde. Es ist das erste in einer Reihe nicht in die Umgebung passender Monumente.

Wir folgen der Kralja Milana und nähern uns dem Stadtzentrum, wo es schöne Beispiele für die vielseitige Architektur Belgrads gibt, einige davon seien erwähnt.

Die ◄17► **Vuk-Stiftung** in der Kralja Milana 2, das ehemalige Haus des Kaufmanns Dimitrije Mita Golubović, wurde 1871 erbaut und im Jahr 1912 im serbisch-byzantinischen Stil, kombiniert mit Wiener Jugendstil, verändert. Über dem Tor befindet sich das Wappen des Königreichs Serbien, die sehenswerten Innenhofwände wurden von Dragutin Inkiostri Medenjak bemalt. In dem Gebäude befand sich ab 1878 das Ministerium für Bildung und Religion. Im besetzten Belgrad wurde es von 1915 bis 1918 als Büro des Hauptintendanten der öster-

Denkmal für fünf Patrioten

reichisch-ungarischen Armee genutzt. Und seit 1944 beherbergt es das Bildungsministerium der Volksrepublik Serbien. Hier ist auch das ☕ **Café Azbuka** (Kralja Milana 2, Tel. +381 69 4077364, Mo–Do 8–24, Fr, Sa 8–1, So 8–20 Uhr) beheimatet. Sie können im schattigen Hof sitzen oder es sich im geräumigen Inneren bei Jazz-Sound gutgehen lassen.

Der 🏛 **Igumanova-Palast** in der Terazije 31 aus dem Jahr 1938 ist ein fünfstöckiges Gebäude der Moderne mit dekorativen Motiven im serbisch-byzantinischen Stil. Es wurde mit Mitteln aus dem Fonds des Kaufmanns Sima Andrejević Igumanov finanziert. Vor dem Palast befindet sich ein 18 **Denkmal für fünf Patrioten**, das 1983 errichtet wurde und an jene Männer erinnert, die im August 1941 von der Gestapo ermordet wurden. Die deutschen Besatzer folterten und erschossen die Männer und hängten sie dann an den Kandelaber auf, als brutale Warnung an Aufständische. Das Denkmal hat die Form einer schwarzen Säule, auf der eine Reliefszene der Gehängten und Verse des Dichters Vasko Popa eingraviert sind.

Wir bleiben auf dieser Seite der Straße und sehen schräg gegenüber, in der Terazije 40, das Haus, in dem sich ab 1903 ein Fotostudio befand. Sein Besitzer, der spätere Hoffotograf Milan Jovanović, ging Ende der 1870er-Jahre nach Wien, um Fotografie zu studieren. Nach seiner Rückkehr wurde er berühmt für seine Belgrader Porträt- und Panoramafotos. In den Dreißigerjahren des 20. Jh.s wurde das Atelier geschlossen und die Räumlichkeiten wurden vom Eigentümer des 1927 gegründeten, heute noch existierenden 🛍 **Modesalons „Ercegovac"** (Terazije 40, Tel. +381 11 3621511, https://ercegovac-hats 1927.com, Mo–Fr 9–20, Sa 9–15 Uhr) übernommen; der Salon bietet schicke Accessoires an.

Auf Nummer 29, im ehemaligen Palais des Pensionsfonds, das im Stil der Moderne 1938 errichtet wurde, befindet sich das 🏛 **Terazije-Theater** (Terazije 29, Tel. +381 11 3229943, https://pozoristeterazije.com). Hier werden beliebte Musicals gespielt.

Mitte des 20. Jh.s wurde gleich neben dem Theater der 🛍 **Bezistan**, eine moderne Variante eines orientalischen überdachten Marktes errichtet. Der 🏛 **Brunnen „Die Frau mit der Muschel"** untermalt die Atmosphäre des Platzes.

In der nebenan gelegenen ruhigeren Nušićeva mit Jugendstil und neoklassizistischen Häusern und Cafés und Konditoreien – empfehlenswert die ☕ **Gelateria „Specijal"** (Nušićeva 7, Tel. +381 11 3228865, Mo-Sa 8-23, So 12-23 Uhr) – befindet sich seit 2018 das 🏛 **Museum der Illusionen** (Nušićeva 11, Tel. +381 63 611911, https://www.muzejiluzija.rs/kontakt, tägl. 9-22 Uhr). Dessen Attraktionen sind insbesondere für junge Besucher interessant, sie können hier rationale Erklärungen für optische Täuschungen finden.

Zurück auf der Terazije gehen wir durch die Unterführung auf die andere Seite der Straße. Auf Nummer 34 wurde ab 1885 mit dem Bau des ◀19▶ **Krsmanović-Palastes** unter der Projektleitung von Jovan Ilkić, Schüler von Theophil von Hansen, begonnen. Er arbeitete mit dem berühmten Architekten an Details für das Wiener Parlament und erhielt das Angebot, in Wien zu bleiben. Auf Einladung von König Milan I. kam er jedoch nach Belgrad und wurde sein Hofarchitekt. Der Krsmanović-Palast ist ein kleines Schloss im reichen Donau-Neobarock-Stil. Als Teil seines gesamten Vermögens, der Aleksa-N.-Krsmanović-Stiftung, vermachte Krsmanović das Haus dem serbischen Volk. Im Restaurant 🍴 **Kod dvoglavog orla** (Terazije 34, Tel. +381 63 236868, https://koddvoglavog

Bezistan und Brunnen „Die Frau mit der Muschel"

Hotel Moskva mit Terazije-Brunnen

orla.com, Mo–Sa 9–1 Uhr), können Sie sich im Hofgarten an traditionellen Gerichten laben.

Zwei nebeneinanderliegende Paläste, beide Anfang des 20. Jh.s errichtet, geben der Terazije ein besonders Flair: Die Wiener 20 **Anker Versicherungsgesellschaft** (Terazije 26), ein repräsentatives Neorenaissancegebäude, und das **Palais Atina** (Terazije 28) im italienischen Renaissancestil.

Terazije wurde nach dem Wasserversorgungssystem benannt, das sich dort im 19. Jh. befand. Die Türken versorgten die Stadt über einen Aquädukt mit Wasser und bauten in bestimmten Abständen turmförmige Reservoirs (türk. *terazi*). Der größte Turm befand sich an der Stelle des heutigen 21 **Terazije-Brunnens** vor dem Hotel Moskva. Der achteckige Brunnen mit gemeißelten Löwenhäuptern wurde 1860 zum Gedenken an die zweite Herrschaft von Fürst Miloš errichtet.

In der zweiten Hälfte des 19. Jh.s wandelte sich das terrassenförmig angelegte Areal, auf dem wir uns befinden, zu einem Stadtplatz. Terazije sollte ein europäisches Erscheinungsbild bekommen, was durch die dekorative Kunst des Wiener Jugendstils erreicht werden sollte. Die Krönung der Bemühung, Terazije zu gestalten, ist das 22 **Hotel Moskva** (Balkanska 1, Tel. +381 11 3642071, https://hotelmoskva.rs), das im Auftrag der Versicherungsgesellschaft Rosija von Jovan Ilkić und Architekten aus St. Petersburg errichtet wurde. Im oberen Teil der Hauptfassade befindet sich eine allegorische Reliefkomposition, die die maritime und wirtschaftliche Macht Russlands symbolisiert. Ein wichtiges Detail der Fassade ist die Skulptur „Frau mit drei Kindern", die sich in einer Nische an der Ecke des Gebäudes befindet. Die Fassade ist mit Keramikfliesen aus der ungarischen Zolnay-Keramikfabrik verkleidet. Seit seiner Eröffnung im Januar 1908 waren im Hotel viele berühmte Persönlichkeiten zu Gast, wie Albert Einstein und seine serbische Frau Mileva, der junge Architekt Charles-Édouard Jeanneret-Gris, besser bekannt als Le Corbusier, der *Pravda*-Korrespondent Leo Trotzki sowie der indische Dichter und Philosoph Rabindranath Tagore. Hier können Sie im opulenten Ambiente eine original „Moskva-Schnitte" kosten. Falls Sie das Hotel von oben bewundern möchten: Gegenüber der Straße im **Restaurant „Caruso"** (Terazije 23/8, Tel. +381 11 3248037, www.restorancaruso.com, Mo-Fr 9–1, Sa 10–1 Uhr) haben Sie einen traumhaften Ausblick auf die Terazije, auf die Ada-Brücke und auf Novi Beograd.

Das Belgrader Wahrzeichen, die **Palata Albanija**, ist das letzte Ziel auf dieser Tour. Das Hochhaus wurde im Stil der Spätmoderne im Jahr 1938 an der Ecke Knez Mihailova und Kolarčeva erbaut. Während der Bauarbeiten wurden Mammutknochen an dieser Stelle gefunden. Mit seinem zwölfstöckigen Frontkorpus und den beiden unteren Flügeln, mit Marmor verkleidet, ist es auch eine Art Präzedenzfall im Bauwesen und der erste Wolkenkratzer in Jugoslawien. Im Oktober 1944 verkündete die auf dem Gebäude gehisste Flagge die Befreiung der Stadt von den Nazis.

Palata Albanija

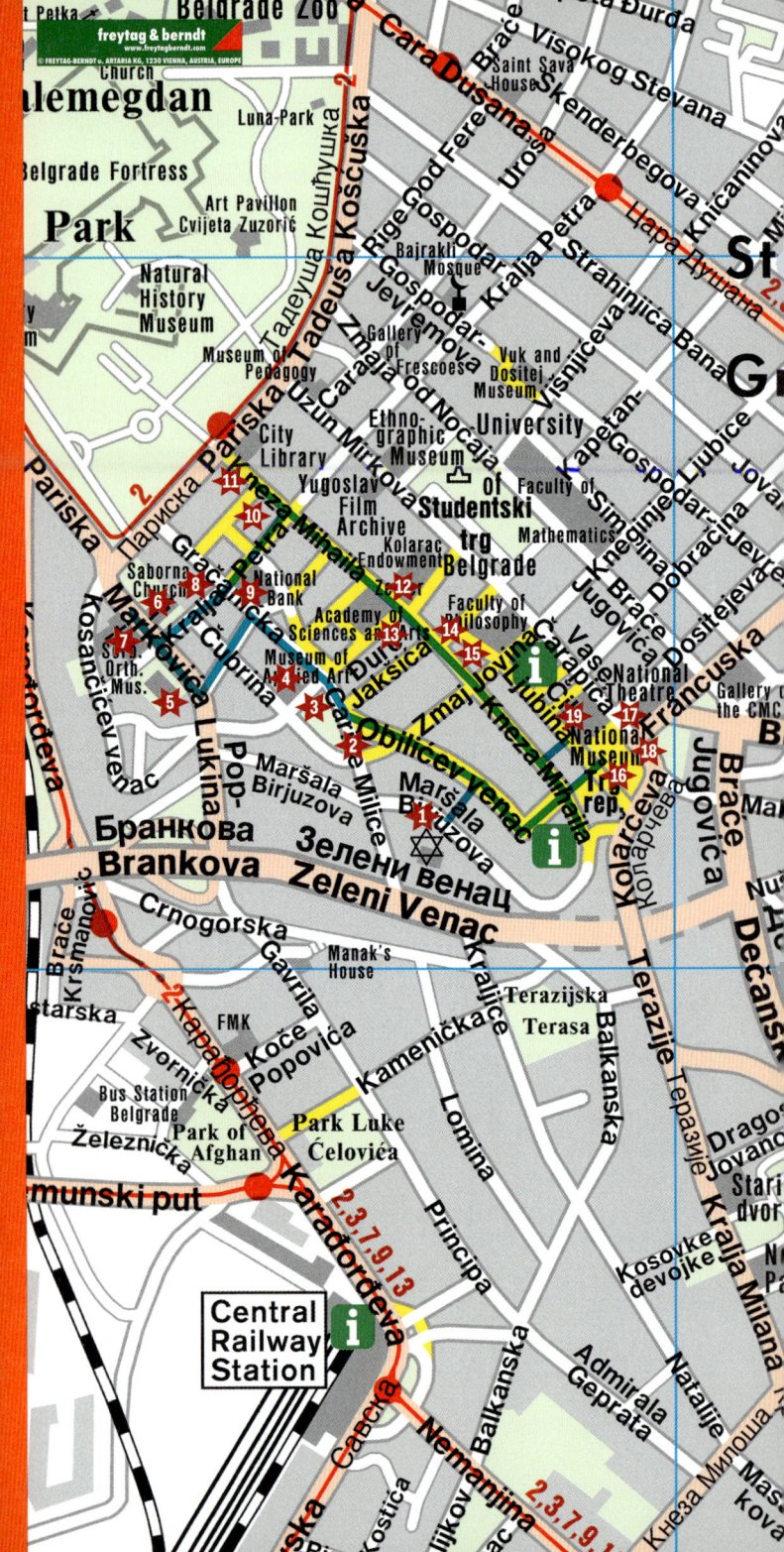

Reiterdenkmal für Fürst Mihailo Obrenović III.

3 Varoš kapija: Wahrzeichen der Stadt

AUSGANGSPUNKT Knez Mihailova
ENDPUNKT Trg republike
DAUER Je nach Tempo und Aufenthalt ca. 3 Stunden

DIE ROUTE Etappe 1: **1** Synagoge Sukat Šalom, **2** Tanjug-Gebäude, **3** Denkmal für Vojvoda Vuk, **4** Museum für Angewandte Kunst. Etappe 2: **5** Residenz der Fürstin Ljubica, **6** Kathedrale des heiligen Erzengel Michael, **7** Patriarchatsgebäude, **8** Grundschule „König Petar I.", **9** Nationalbankgebäude, **10** Gebäude des ehem. Warenmagazins. Etappe 3: **11** Gebäude und Galerie der Fakultät für bildende Künste, **12** ehem. Erste Kroatische Sparkasse, **13** Serbische Akademie der Wissenschaften und Künste, **14** Delija-Brunnen, **15** Zora-Palast. Etappe 4: **16** Reiterdenkmal Mihailo Obrenović III., **17** Nationaltheater, **18** Skulptur für Branislav Nušić, **19** Nationalmuseum

Gleich im Anschluss an Route 2 besuchen wir den Stadtteil Varoš kapija (aus dem Ungarischen *városkapu*, „Stadttor"), benannt nach einem der vier bis zum Jahr 1862 existierenden Tore. Hier befinden sich viele Sehenswürdigkeiten und das pulsierende Zentrum der Hauptstadt – die Trg republike und die Knez Mihailova. Diese neue, breite Straße verläuft entlang der Hauptachse, dem Cardo, der früheren römischen Stadt und ist ihre moderne Verlängerung und ewiger Corso.

Etappe 1: Rund um die Fußgängerzone Obilićev venac

Wir gehen an der Palata Albanija vorbei in die Knez Mihailova. Auf der linken Seite kommen wir zu einem Laden mit dem ungewöhnlichen Namen **Katapult** (Knez Mihailova 36, Tel. +381 60 6007202, Mo–Sa 10–21, So 10–20 Uhr) und mit viel Allerlei im Angebot: von alten Münzen über Naturseifen bis hin zum „Rosenthal"-Service – hier findet sich für jede Geldbörse etwas. An der Ecke links gelangen wir zur Obilićev venac. Auf Nummer 29 befindet sich das Gebäude des neu renovierten Cafés **Ruski Car** (Obilićev venac 29, Tel. +381 65 4722247, www.ruskicar.rs, tägl. 8–24 Uhr), das ein beliebtes Lokal für die Belgrader ist. Es wurde im akademischen Stil mit dekorativen Einflüssen des Wiener Jugendstils und des Neobarocks 1926 unter der Leitung des Architekten Dragiša Brašovan erbaut. Auf der Fassade sind Löwenköpfe und Medaillons mit den Wappen des kaiserlichen Russlands sichtbar.

In der Nachbarschaft steht das 1936 im Art-déco-Stil erbaute **Hotel Majestic** (Obilićev venac 28, Tel. +381 11 3285777, www.majestic.rs). Eine urbane Legende besagt, dass Alain Delon als junger Schauspieler für die Dreharbeiten eines Films hier war und seinen zukünftigen Leibwächter Stevan Marković in diesem Hotel kennenlernte. Die Bekanntschaft endete mit der Ermordung Markovićs und führte zu einer politischen Affäre in Frankreich. In dieser Gegend spüren Sie so richtig, wie sehr sich das Leben in Belgrad auf der Straße abspielt. Außerdem können Sie in einem der vielen Cafés Kaffee mit Schlagobers bestellen oder die besonders delikate Dobostorte kosten, etwa in der Confiserie **Torte Stameveski** (Obilićev venac 22, www.stamevski.com, tägl. 8–22 Uhr). Auch die „Rasputin"-Entenbrust im noblen **Restaurant Opera** (Obilićev venac 30, Tel. +381 11 3036200, https://operarestoran.com, tägl. 8–24 Uhr) ist eine Versuchung wert. Das **Restaurant Mihailo** (Obilićev venac 16, Tel. +381 11 4016939, http://mihailorestoran.rs, tägl. 8–24 Uhr) in einem ehemaligen Jugendstil-Wohnhaus bietet internationale

Synagoge Sukat Šalom, „Hütte des Friedens"

Küche zu vernünftigen Preisen.

Auf der linken Seite neben dem Haus Obilićev venac 16 können Sie vom oberen Ende der Treppe die 🔯 **Synagoge Sukat Šalom** (Maršala Birjuzova 19) sehen. Dieser Tempel, erkennbar an dem unter dem Dach auf einem Fenster angebrachten Davidstern, wurde für die jüdisch-aschkenasische (mittel-osteuropäische) Gemeinde 1926 im Stil des Akademismus errichtet. Früher befanden sich im Erdgeschoß eine Mikve (Ritualbad), eine Mensa, eine Turnhalle und Wohnungen für den Schamesch (Aufseher) und Schochet (Schächter). Im Obergeschoß lagen die Wohnungen von Rabbinern, Lehrern und dem Hazan (Kantor, Sänger) und auf dem Dachboden die Räumlichkeiten der Schule für den Religionsunterricht. Während der nationalsozialistischen Besetzung wurde der Tempel entweiht und diente deutschen Soldaten als Bordell. Unmittelbar nach Kriegsende wurde er wieder eingeweiht, an der Zeremonie seiner Wiederherstellung konnten nur wenige Belgrader Juden teilnehmen, die meisten hatten den Holocaust nicht überlebt. Die Synagoge erhielt 2002 den Namen Sukat Šalom, „Hütte des Friedens". Zu Schabbat am Freitagabend bzw. Samstag und während der jüdischen Feiertage besteht die Möglichkeit, am Gottesdienst teilzunehmen und ein Teil des jüdischen Belgrads zu werden (Anmeldung erforderlich unter E-Mail: sukkatshalom@beogradskasinagoga.rs). Mehr über die Geschichte der Juden in Belgrad in Route 4.

Parallel zur Straße, in der sich die Synagoge befin-

Am grünen Markt in Belgrad

det, verläuft die Zeleni venac, eine viel frequentierte Straße, die mit der Branko-Brücke verbunden ist. Besuchen Sie dort, wenn Sie Zeit haben, den gleichnamigen grünen 🏛 **Markt**. Er gilt als einer der ältesten aktuell existierenden Märkte auf dem Balkan und ist architektonisch vom Jugendstil beeinflusst.

Zurück und am Ende der Obilićev venac passieren wir das 1939 errichtete **2 Tanjug-Gebäude** (Obilićev venac 2) der ehemaligen Privilegierten Exportgesellschaft Prizad. Bogdan Nestorović verwirklichte eines der seltenen Beispiele der spätmodernen Architektur der Zwischenkriegszeit in Belgrad. Das monumentale Gebäude hat eine mit dünnen Steinfliesen bedeckte Fassade, ist vorne orthogonal und im hinteren Bereich bogenförmig strukturiert. Während der Besetzung Belgrads im Zweiten Weltkrieg verwendete der berüchtigte SS-General August Meyszner dieses Gebäude unter anderem als Gestapo-Quartier. Nach dem Krieg befand sich hier das Hauptquartier von OZNA, die Organisation, die den gesamten jugoslawischen Geheimdienst, die Spionageabwehr und Armeesicherheit umfasste. Seit Anfang der 1960er-Jahre hat die Tanjug (Telegraphic Agency of New Yugoslavia), die jugoslawische Nachrichtenbehörde, ihren Hauptsitz in dem Gebäude.

In dieser Gegend herrscht an vielfältigen Gaumenfreuden kein Mangel: Machen Sie es sich gemütlich im berühmten 🍴 **Restaurant Proleće** (Vuka Karadžića 11, Tel. +381 11 2635436, http://restoran prolece.rs, tägl. 10–23 Uhr) an der Ecke zur Cara Lazara. Ein rückkehrender Soldat aus dem Ersten Weltkrieg eröffnete hier eine Taverne, die auch heute noch für ihre serbische Küche berühmt ist. Die benachbarte Fußgängerzone der Vuka Karadžića hat noch andere kulinarische Vergnügungen anzubieten, unter anderem das 🍴 **Restaurant Vuk** (Vuka Karadžića 12, Tel. +381 11 2629761, Mo–Sa 10–24 Uhr), sofern Sie Fleischesser sind. Oder wenn Sie Eis aus natürlichen Zutaten mögen, machen Sie Halt bei ☕ **Moritz Eis** (Vuka Karadžića 9, Tel. +381 60 5544455, www.moritzeis.com, So–Do 10–22, Fr, Sa 10–23 Uhr). Zur Auswahl stehen auch exzellente Knödel bei 🍴 **Ferdinand Knedle** (Cara Lazara 19, Tel. +381 61 1957092, https://ferdinandknedle.rs, tägl. 10–23 Uhr). Und wenn die Damen unter Ihnen die einheimische Modeszene kennenlernen möchten – auf der Fußgängerzone der Cara Lazara befinden sich verschiedene Boutiquen, eine davon gehört der bekannten Belgrader Modeschöpferin 👜 **Dragana Ognjenović** (Cara Lazara 9, Tel. +381 11 3283936, http://draganaognjenovic.com, Mo–Fr 9–20, Sa 9–16 Uhr).

In der Fortsetzung der Obilićev venac betreten wir den kleinen Park, den Topličin venac, mit dem ◆3 **Denkmal für Vojvoda Vuk** (ein Woiwode ist ein slawischer Heerführer) aus dem Jahr 1922. Auf der Vorderseite des Sockels befindet sich die Inschrift: Vojvoda Vuk 1880–1916, und an seinen beiden Seiten die Namen der Städte, an deren Befreiung dieser Kommandant im Balkankrieg und im Ersten Weltkrieg teilgenommen hat. Vuk ist im Gewand eines Anführers der Volksarmee dargestellt, mit einem Tschetnik-Emblem auf der typischen Kopfbedeckung (Četa bedeutet Truppe).

Hinter dem Denkmal befindet sich das ◆4 **Museum für Angewandte Kunst** (Vuka Karadžića 18, Tel. +381 11 2626841, http://mpu.rs, Di–Sa 11–19 Uhr), das sich seit seiner Gründung im Jahr 1950 im Haus der Familie des Anwalts Jakov Čelebonović befindet. Neben Werken der nationalen Kunst zeigt das Museum auch eine beachtliche Auswahl an

Denkmal für Vojvoda Vuk

Objekten aus anderen europäischen und außereuropäischen Ländern wie Stilmöbel, orientalische Teppiche, Porzellan, Kostüme, seltene Bücher und Manuskripte. Vor dem Museum können Sie Ihre Mobiltelefone an „Smart Bänken" aufladen.

Gegenüber dem Museum steht das 🛏 **Hotel Palace** (Topličin venac 23, Tel. +381 11 2185585, www.palacehotel.co.rs), das im Mai 1923 von Leon Talvi, seinem Eigentümer, offiziell eröffnet wurde. Es war ein Ort für erstklassige Unterhaltung mit Konzerten zum „Fünf-Uhr-Tee", venezianischen Abenden, Modeschauen und auch für seine Silvesterpartys bekannt. Historisch erwähnenswert: Der erste jugoslawisch-zionistische Kongress fand im Jahr 1924 in diesem Hotel statt.

Wir gehen in die nahegelegene Gračanička. Das repräsentative 🏛 **Gebäude** auf Nummer 16 wurde 1904 von Milan Antonović erbaut und weist Merkmale des Jugendstils auf, den dieser berühmte Architekt zu Beginn des 20. Jh.s in Belgrad einführte. Der Eingangsbereich wurde mit Bildern von Dragutin Inkiostri Medenjak ausgestattet, es ist empfehlenswert, einen Blick hineinzuwerfen und in der ☕ **Konditorei Mandarina** (Gračanička 16, Tel. +381 11 4088120, http://mandarinacakeshop.rs, Mo–Do 10–22, Fr–So 9–22 Uhr) eine kurze Pause zu machen. Auf Nummer 10 steht eines der beiden 🏛 **ältesten erhaltenen Häuser** in Belgrad, ein wertvolles architektonisches Denkmal für die Wohnkultur aus dem 18. Jh. Es wurde im klassizistischen Stil mit einem schrägen Dach erbaut und 1789 als Wohnhaus in den Stadtplan eingetragen.

Etappe 2: Von der Residenz der Fürstin Ljubica zur Kralja Petra

Von der Gračanička biegen wir links in die Ivan Begova ein, folgen ihr bis ans Ende und kommen dann auf die Kneza Sime Markovića und zur 5 **Residenz der Fürstin Ljubica** (Kneza Sime Markovića 8, Tel. +381 11 263 8264, www.mgb.org.rs/en/visit/the-residence-of-princess-ljubica, Di–Do 10–17, Fr 10–18, Sa 10–17, So 10–14 Uhr). Der Konak (= Residenz) wurde vom Pionier des serbischen Bauwesens, Hadži Nikola Živković, im Stil der balkanischen profanen Architektur im Jahr 1831 erbaut, mit einem Dachüberwachungsposten, der aufgrund der Nähe zur türkischen Garnison in Kalemegdan errichtet wurde. Die Residenz wurde als Hof konzipiert, um würdevoll den repräsentativen Zweck zu erfüllen. Fürstin Ljubica wohnte hier mit ihren Söhnen Milan und Mihailo, während Gatte Miloš wegen der Nähe der Türken, in seinem Konak in Topčider blieb (siehe Seite 118).

Residenz der Fürstin Ljubica

Samstags ist in der Residenz das Monodrama „Auf Café bei Fürstin Ljubica" zu sehen, das im authentischen Ambiente auf Serbisch aufgeführt wird, dabei werden Kaffee und Lokum serviert. (Vorstellungen in englischer Sprache findet für Gruppen nach Anmeldung statt: Tel. +381 11 2635622, E-Mail: bginfo.knezmihailova @tob.rs). Durch die Erzählung der Lebensgeschichte der Fürstin lernen Besucher den Herrscher Serbiens kennen. Nach 1842 waren hier viele Kultur- und Bildungseinrichtungen der Stadt untergebracht, heute zeigt die Dauerausstellung des Museums der Stadt Belgrad das Entstehen und die Entwicklung einer gehobenen bürgerlichen Kultur sowie des Wohnens im Belgrad des 19. Jh.s. Falls Sie eine Führung durch die Salons und den Hamam der Residenz mitmachen möchten, sei darauf hingewiesen, dass sonntags eine sehenswerte Veranstaltung stattfindet – die „Serbische Slava". Die Slava, von serbisch *slaviti*, „feiern", ist ein altes, serbisch-orthodoxes Familienfest, das zu Ehren des Familien-Schutzheiligen gefeiert wird und seit 2014 auf der UNESCO-Liste des immateriellen Kulturerbes steht. Sie werden im authentischen Ambiente empfangen und an einem festlich gedeckten Tisch die Süßspeise *slavsko žito* und Wein verkosten. Mit Hilfe der Guides sollten Sie keine Schwierigkeiten haben, der Performance zu folgen.

Der Weg führt uns weiter zur benachbarten **6 Kathedrale des heiligen Erzengel Michael** (Saborna Crkva, Kneza Sime Markovića 3), das Wahrzeichen Belgrads mit seinem für die Silhouette der

Stadt charakteristischen Glockenturm. Fürst Miloš errichtete noch an der alten Kirche einen Glockenturm und am 15. Februar 1830, als Serbien unabhängig wurde, läuteten die Glocken noch unter türkischer Anwesenheit zum ersten Mal. Der Bau der neuen Domkirche von 1837 bis 1845 erfolgte nach dem Entwurf des Österreichers Franz Janke. Hervorzuheben sind die neoklassizistische Architektur mit dem von allen Seiten sichtbaren barocken Turm sowie die Westfassade mit ihrem repräsentativen Eingang. Das Auffälligste im Innenraum ist die klassizistische Ikonostase von dem in Wien ausgebildeten serbischen Bildhauer Dimitrije Petrović. Wie in anderen serbischen Kirchen sind die Sitzplätze Königen und Patriarchen vorbehalten. Im Hof liegen die Überreste der Volksaufklärer Vuk Stefanović Karadžić und Dositej Obradović (siehe Seite 85f.) und in der Krypta in der Nähe der Südwand befinden sich auf hölzernen Sockeln die Särge der Fürsten Miloš und Mihailo III. Obrenović. Im Hof der Domkirche ragen zwei 110 Jahre alte Eiben in den Himmel, interessanterweise gilt eine als „männlich" und die andere als „weiblich". Jeden Sonntag ab neun Uhr können Sie in der Saborna crkva dem Chor der Ersten Belgrader Gesangsgesellschaft bei der Liturgie zuhören.

Gegenüber der Kirche sehen Sie das **7 Patriarchatsgebäude** im serbo-byzantinischen Stil mit Elementen der Moderne. Es wurde 1935 nach Plänen des russischen Architekten Viktor Lukomski erbaut. Der Haupteingang ist mit einem Mosaik des Heiligen Johannes des Täufers und dem Wappen des Serbischen Patriarchats verziert. Es beherbergt die **Patriarchatsbibliothek** und das **Museum der serbisch-orthodoxen Kirche** (Kneza Sime Markovića 6, Tel. +381 11 2638875, Mo–Fr 9–15, Sa 9–12, So 11–13 Uhr), mit einer reichen Sammlung von Kirchengemälden, alten Gravuren, Büchern, wertvollen Kleidungsstücken und historischen Dokumenten.

Wir gehen die Kralja Petra hinauf, wo sich rechts das älteste Belgrader Café mit dem Namen „?" (Kralja Petra 6, Tel. +381 11 2635421, tägl. 10–23.30) befindet. Das Haus wurde 1824 im Stil der balkanischen profanen Architektur im Auftrag von Fürst Miloš erbaut. Hier wird der Kaffee noch nach altem Brauch mit Lokum serviert.

Weiter oben an dieser Straße, auf der linken Seite, erreichen wir die **8 Grundschule „König Petar I."**, die älteste Grundschule in Serbien. Sie wurde 1907 von Jelisaveta Načić im akademischen Stil entworfen und verfügte schon damals über elektrische Beleuchtung, Toiletten und

Patriarchatsgebäude im serbisch-byzantinischen Stil

eine Turnhalle. An der Fassade sind Bildnisse von Vuk Stefanović Karadžić und Dositej Obradović angebracht. Die Schule ist dafür bekannt, dass der Bildhauer Ivan Meštrović hier im Keller das Belgrader Wahrzeichen „Der Sieger" erschaffen hat. Außerdem hat in dieser Schule das erste Profi-Basketballspiel stattgefunden.

Schräg gegenüber der Schule wurde von 1888 bis 1890 und von 1922 bis 1925 das **9 Nationalbankgebäude** erbaut. Das Projekt wurde vom Architekten Konstantin Jovanović entworfen und ist eines der bedeutendsten Beispiele des Neorenaissance-Akademismus in Belgrad. Während der Bauarbeiten wurden archäologische Funde gemacht, darunter bedeutende Steinaltäre, die dem Gott Jupiter gewidmet waren. Es wird daher angenommen, dass sich an dieser Stelle in der Antike der zentrale Stadtplatz befand. Während Ihres Rundgangs durch das **Bankmuseum** (Mo–Sa 10–16 Uhr, Eintritt frei) können Sie echte Goldbarren heben oder die Entwicklung des Dinars verfolgen. Wenn Sie möchten, wird Ihnen der Guide eine Banknote mit Ihrem Porträt bedrucken, und sollten Sie eine 1000-Dinar-Banknote bei sich haben, sehen Sie darauf eine Abbildung des Industriellen Đorđe Vajfert, einen der Gründer und Gouverneure der Nationalbank.

Auf Kralja Petra 16 stoßen wir auf das **10 Gebäude des ehem. Warenmagazins,** das 1907 im Jugendstil von Viktor David Azriel erbaut wurde, der das Projekt offenbar schon während seines Studiums in Wien entworfen hatte. Dieses Haus gehörte dem bekann-

Kaffeehaus Magazin 1907

ten Belgrader Bankier Bencion Buli. Heute können Sie in diesem zu einem Kaffeehaus, dem ☕ **Magazin 1907** (Kralja Petra 16, Tel. +381 11 3281311, www.kafeterija.com, Mo–Do 8–24, Fr, Sa 8–0.30, So 8–24 Uhr), umgestalteten wunderschönen Gebäude exzellenten Kaffee oder Tee trinken, bevor Sie die Tour fortsetzen.

Etappe 3: Durch die Einkaufsmeile Knez Mihailova

Folgen Sie der Kralja Petra, bis Sie auf die Fußgängerzone und die wichtigste Einkaufsmeile Belgrads kommen, die Knez Mihailova (kurz „Knez"). Von serbischen Volksliedern über Bachs Kantaten bis zum portugiesischen Fado werden Sie hier Musik verschiedenster Stilrichtungen zu hören bekommen, während Sie durch die Geschäftsstraße schlendern. Ausgangspunkt dieser Etappe ist das 🏛 **Gebäude und die Galerie der Fakultät für bildende Künste** (Knez Mihailova 53), das um 1885 von Konstantin Jovanović für einen angesehenen Anwalt erbaut wurde. An der Ecke zur Rajićeva sehen Sie ein 🏛 **Wandgemälde**, das von einer Gruppe von Künstlern aus der Akademie der bildenden Künste gemalt wurde.

Auf der anderen Straßenseite befindet sich die 🏛 **Belgrader Stadtbibliothek** sowie das **Tourismusbüro** (Knez Mihailova 56, www.tob.rs, Mo–So 9–19 Uhr), in dem Sie Tickets für Touren kaufen können und Broschüren und Stadtpläne erhalten. Der Bau wurde um 1867 im Stil des Eklektizismus mit Elementen der Renaissance errichtet und war ursprünglich als Hotel „Serbische Krone" wegen seiner komfortablen Zimmern und des Blicks auf den Kalemegdan-Park sehr geschätzt. Im Keller der Stadtbibliothek, in der 🏛 **Römischen Halle**, wurden die Überreste eines Turms des Haupttors der römischen Festung freigelegt sowie Rohre, die wahrscheinlich zum römischen Aquädukt gehörten. Vor dem modernen 🛍 **Einkaufszentrum Rajićeva** (www.rajicevashoppingcenter.rs) direkt neben der Bibliothek kann man beim Eingang die Spuren von Ausgrabungen aus der Römerzeit sehen. Vermutlich stammen die Fundstücke von einem freien Platz vor dem Castrum, der für öffentliche Ankündigungen oder Versammlungen diente.

Das 🏛 **Pavlović Haus** (Knez Mihailova 52) aus dem Jahr 1878 ist wegen seiner charakteristischen Atlanten, die oft auf Fotos und Postkarten als Motive vorkommen, bekannt geworden. Nebenan steht das frühere Wohnhaus der Mäzene Familie Kiki, welches heute das 🏛 **Goethe-Institut** beherbergt. Nikola und Evgenija Kiki, geborene Naumović, haben dieses Gebäude der Belgrader Handelsjugend überlassen. Im Hof wurden während des Baus Feigenbäume gepflanzt, die ihm heute noch ein gewisses Flair verleihen. Ein bekannter Belgrader Kaufmann erbaute 1869 eines der ersten modernen Stadthäuser mit Obergeschoß, in dem heute das 🏛 **Haus der Vermächtnisse** (Knez Mihailova 46, Tel. +381 11 3285567, www.kucalegata.org, Di–So 10–17 Uhr) beheimatet ist. Hier können Sie Ausstellungen von Zeichnungen, Gemälden, Skulpturen etc. sehen. Im Erdgeschoß, im 🍴 **Restaurant Kolarac** (Knez Mihailova 46, Tel. +381 11 2638972, http://restorankolarac.rs,

Goethe-Institut (r.), früher das Wohnhaus einer Mäzenatenfamilie

tägl. 9–23.30 Uhr) können Sie die traditionelle serbische Küche kennenlernen. Zusammen mit dem Gebäude auf Nummer 48, dem ehemaligen „Krstas Gasthaus", gehören diese Wohn- und Geschäftsgebäude zu den ersten, die in der neu gestalteten Straße nach dem Regulierungsplan von Emilijan Josimović aus dem Jahr 1867 errichtet wurden. Am Anfang der Knez Mihailova wurde 1987 ein 🏛 **Gedenkstein** für diesen ersten serbischen Stadtplaner aufgestellt.

Ein Mäzen war auch der Kaufmann Nikola Spasić, dessen Palais noch heute die Knez Mihailova schmücken: Dazu gehören die im Geiste des Akademismus errichtete Stiftung auf Nummer 47 sowie das Gebäude auf Nummer 37 mit der 🏛 **Büste von Nikola Spasić** in einer Nische im Obergeschoß und mit der 🏛 **Galerie des Verbands der Maler Serbiens** (Knez Mihailova 37, Tel. +381 11 2623128, www.ulus.rs, Mo–Sa 10–20 Uhr) mit diversen Wechselausstellungen im Erdgeschoß. Ebenso zu seinem Immobilienimperium zählte das Palais auf Nummer 33 aus dem Jahr 1889 mit Landschaftsdarstellungen im Innenhof. Das Haus mit Nummer 19 wurde zu Beginn des 20. Jh.s erbaut und ist bis heute als „Spasić-Passage" bekannt.

Ebenfalls sehenswert ist das Gebäude der 🕛 **ehem. Ersten Kroatischen Sparkasse** (Knez Mihailova 42), ein seltenes Beispiel für den Berliner und ungarischen Jugendstil. Die Spitze des Gebäudes wird von einem Dreieck dominiert, in dem das Baujahr 1922 in römischen Ziffern und zwei Füllhörner dargestellt sind. Seit 2010 beherbergt es das 🏛 **Zepter-Museum** (Knez Mihailova 42, www.zeptermuseum.rs, Di, Mi, Fr, So 10–20, Do, Sa 12–22 Uhr) mit wertvollen Werken der serbischen Kunst der zweiten Hälfte des 20. und Anfang des 21. Jh.s.

Das Gebäude auf Nummer 41 heißt noch immer 🏛 **„Kaufhaus Mitić"**, obwohl es schon lange nicht mehr existiert. Es wurde zu Beginn des letzten Jh.s von einem der bekanntesten serbischen Architekten, Konstantin Jovanović, im Stil des Akademismus entworfen. Später wurden die großen Glasflächen mit Jugendstilelementen versehen. Der gute Ruf des Geschäfts im alten Belgrad zeigte sich auch darin, dass Josephine Baker es während ihres zweitägigen Aufenthalts in der Hauptstadt besuchte.

Im Gebäude auf Nummer 40 ist heute die 🏛 **Philologische Fakultät** untergebracht. Das Palais wird auch als „Lahovari-Palast" bezeichnet. In der sich dort auch befindlichen 🛍 **Verkaufsgalerie Singidunum** (Knez Mihailova 40, www.galerijasingidunum.com, Mo–Fr 10–20, Sa 10–17 Uhr) können Sie Kunstwerke von heimischen Malern und Bildhauern erstehen.

Serbische Akademie der Wissenschaften und Künste

Der Palast der 🔴13🔴 **Serbischen Akademie der Wissenschaften und Künste** (Knez Mihailova 35) wurde nach einem Entwurf der Architekten Andra Stevanović und Dragutin Đorđević im Geiste des Akademismus 1924 fertiggestellt. Mit der Einführung von Jugendstilelementen in Form von dreiteiligen, modern gestalteten Details an den Fenstern schufen sie eine großartige Fassade, geschmückt mit Blumenarabesken, Girlanden und Jugendstilmasken. Die prächtigen Glasmalereien stammen vom Mladen Srbinović. Auf der Hauptfassade, an der Spitze, ist das zentrale Motiv einer weiblichen Skulptur mit Kränzen zu sehen. An den Ecken ist die Skulpturengruppe „Frau mit Kindern" angebracht, wobei eine Frau eine Taube und die andere eine Kienfackel hält.

Im Erdgeschoß befindet sich eine 🛒 **Buchhandlung** sowie eine **Galerie** (Di–So 10–21 Uhr). Auf einer vor dem Eingang befindlichen 🏛 **Pyramide** sind die geografische Position von Belgrad, die Längen- und Breitengrade, die Meereshöhe sowie die Himmelsrichtungen und die Erdbeschleunigung angegeben. Sie entstand 1995 anlässlich der Ausstellung „Die Welt des Messens". Gleich in der Nähe der Akademie können Sie Ihren Durst mit Wasser aus dem 🔴14🔴 **Delija-Brunnen** (türk. *deli*, „Reiter") löschen, der 1987 nach Plänen des Architekten Aleksandar Deroko als Replik des alten Brunnens aus dem Jahr 1843 entstanden ist.

Der 🔴15🔴 **Zora-Palast** wurde in den 1930er-Jahren an der Ecke Knez Mihailova 32 und Čika Ljubina rekonstruiert. Hier befindet sich heute

Erinnerungsstücke an Geca Kon

das 🏛 **Spanische Kulturinstitut**. Das Gebäude in der Knez Mihailova 31 wurde zur gleichen Zeit als Sitz der „Union"-Versicherungsgesellschaft entworfen und beherbergt das 🏛 **Französische Kulturinstitut**.

Im Süßwarengeschäft 🛍 **Štark** (Knez Mihailova 25, Tel. +381 800 200003, Mo–Fr 9–21, Sa 9–18, So 12–18 Uhr) können Sie typische Neapolitaner Kakaoschnitten und andere Leckereien kaufen.

Wir nähern uns auf Nummer 12 einem Haus, das 1925 mit Elementen der Romanik erbaut wurde, und betreten dort die 🛍 **Buchhandlung Geca Kon** (Knez Mihailova 12, Tel. +381 11 2622073, tägl. 9–21 Uhr). Geca Kon eröffnete 1901 seinen ersten Buchladen, ebenfalls in der Knez Mihailova, und auch der auflagenstärkste Verlag zwischen den beiden Weltkriegen gehörte ihm. Bei Kon gingen viele prominente Intellektuelle ein und aus. Er stellte die Manuskripte von zukünftig erscheinenden Büchern ins Fenster und jeder, der sie lesen und korrigieren wollte, konnte dies machen. Der erfolgreichste „Lektor" erhielt dann als Belohnung einen Kaffee oder ein Bier im Kaffeehaus Ruski Car. Zu Beginn des Zweiten Weltkriegs wurde der Jude Geca Kon verhaftet und in ein österreichisches Gefängnis gebracht, wo er wahrscheinlich den Folgen der Folterung erlag. Seine Familie wurde 1941 erschossen und das gesamte Eigentum beschlagnahmt. Im hinteren Bereich des Geschäfts sind noch sein Hut, sein Telefon und seine Schreibmaschine zu sehen.

Etappe 4:
Am Platz der Republik

Wir beenden unsere Tour am Trg republike („Platz der Republik"), dem Hauptplatz der Stadt, der vor dem Zweiten Weltkrieg „Theaterplatz" geheißen hat. Auf der weiten Fläche steht das aus Marmor und Bronze gefertigt einzige ⭐16 **Reiterdenkmal für Fürst Mihailo Obrenović III.** in Belgrad. Er regierte Serbien von 1839 bis 1842 und von 1860 bis 1868. Der Fürst blickt nach Süden, in die Richtung, in die er von Belgrad aus zur Befreiung der besetzten Gebiete hinauszog. Auf dem Podest stehen die Namen der befreiten Städte, am Bronzesockel sieht man historische Reliefszenen, errichtet vom Architekten Konstantin Jovanović. Die Statue wurde im Jahr 1882 von dem in Belgrad lebenden italienischen Bildhauer Enrico Pazzi angefertigt. Als das Denkmal enthüllt wurde, waren alle begeistert, bis ein Zuschauer rief: „Und wo ist sein Hut?!" Das Fehlen der Kopfbedeckung verursachte einen Skandal.

Der Fürst galt als der beliebteste, aber auch unglücklichste Herrscher Serbiens. Er war ein gutaussehender Führer und Dichter, der viel in die Kultur und Lebensqualität seiner Untertanen investierte. Obwohl er wie alle seine Vorgänger autokratisch regierte, hatte er moderne Vorstellungen über die Öffnung Serbiens nach Europa hin. Auf seine Initiative hin entstanden das Nationaltheater, das Nationalmuseum und ein Krankenhaus. Modetrends wurden genau verfolgt, und was in Wien als schick galt, war in Belgrad auch schnell zu sehen. Er reiste in europäische Länder, lernte Sprachen und beschäftigte sich mit verschiedenen Bräuchen, man nannte ihn den Gentleman vom Balkan. Im Gegensatz zu seinem Vater war Fürst Mihailo romantisch und suchte eine echte Herzenspartnerin. Schließlich lernte er die Adelige Júlia Hunyady de Kéthely kennen, die er heiratete. Als jedoch bekannt wurde, dass seine geliebte Ehefrau ihn seit langem betrog, erkannte seine ehrgeizige Cousine Anka Konstantinović die Chance, ihre Tochter Katarina zur zukünftigen Fürstin zu machen. Obwohl die beiden eng miteinander verwandt waren, schwor der Fürst ihr die ewige Liebe. Das Glück endete aber tragisch: Am 29. Mai 1868 gegen fünf Uhr nachmittags fuhr Fürst Mihailo mit Anka und Katarina nach Topčider und

UNBEDINGT HINGEHEN

Residenz der Fürstin Ljubica → Seite 60
Kathedrale des heiligen Erzengel Michael → Seite 61
Zepter-Museum → Seite 66
Nationalmuseum → Seite 72

Košutnjak (siehe Seite 118). Bei einem Spaziergang begegneten ihnen drei Männer, der Fürst grüßte sie und in diesem Moment feuerte einer der Verschwörer mit dem Revolver auf ihn. Die letzten Worte des Fürsten lauteten: „Also ist es wahr" – wahr, dass ihn jemand tot sehen wollte, er es aber nicht glauben konnte.

In der Nähe der Stelle, wo das Denkmal errichtet worden war, befand sich eines der vier Stadttore, durch das man einst die Stadt betrat und an das sich alle Serben mit Schrecken erinnern – das Stambol-Tor. Es wurde von den Österreichern

Reiterdenkmal für Fürst Mihailo Obrenović III. vor dem Nationaltheater

erbaut und ursprünglich nach dem damaligen Generalgubernator von Belgrad, Karl Alexander von Württemberg, benannt. Nachdem die Türken 1739 erneut an die Macht gekommen waren, blieb das Tor vom Abriss verschont und wurde in Stambol-Tor umbenannt. Vor ihm wurden verurteilte Serben von den Türken öffentlich gepfählt. Die Märtyrer sollten all jene abschrecken, die daran dachten, sich gegen die türkische Macht zu erheben. Fürst Mihailo ließ das Tor schleifen. Eine Tafel auf dem Nationaltheater erinnert an das Tor und auf dem Platz ist seine genaue ehemalige Position gekennzeichnet.

Im August 1868 wurde feierlich der Grundstein für das neben dem Reiterdenkmal gelegene **Nationaltheater** mit beträchtlicher finanzieller Unterstützung des Fürsten Mihailo gelegt. Das Theater wurde vom Unternehmer Josip Štajnlehner und nach dem Plan des Architekten Aleksandar Bugarski in Stil der Neorenaissance erbaut. 1869 wurden Mitglieder des Theaterkomitees nach Wien geschickt, um dort Objekte für die Innenausstattung zu beschaffen. Der Fürst als Hauptinitiator und Liebhaber des Theaters erlebte die Fertigstellung des Theaters jedoch nicht. Im Oktober 1869 wurde mit dem Stück „Zu posthumer Ehre des Fürsten Mihailo" das Theater eröffnet. Als ein Schauspieler, als Fürst Mihailo verkleidet, hoch zu Ross auf die Bühne kam, glaubte das Publikum tatsächlich, der Fürst sei am Leben, wie am

nächsten Tag die Zeitungen berichteten. Die Umgestaltung durch Josip Bukovac im Jahre 1911, mit ihrer ausgeprägten Barock-Jugendstil-Ornamentik, veränderte das Erscheinungsbild des Gebäudes völlig. Tagsüber können Sie hier im 🏛 **Museum des Nationaltheaters** (Dositejeva 2, Tel. +381 11 3284473, www.narodno pozoriste.rs/muzej, Mo–Fr 10.30–15.30 Uhr) eine interessante Ausstellung sehen, die aus einer Sammlung von künstlerischen und historischen Werken, Kostümen und Dokumenten von Schauspielern, Exponaten aus Privatsammlungen sowie Fotografien berühmter Künstler, die im Theater auftraten, besteht.

Auf dem Theaterbalkon und davor fanden turbulente Szenen in der Geschichte Serbiens statt und die erste große Protestkundgebung im Jänner 1906. Kauf- und Geschäftsleute rebellierten dort gegen die wirtschaftlich ruinösen Maßnahmen Österreich-Ungarns, danach mündeten diese Proteste im sogenannten „Schweine-" oder „Zollkrieg". In der jüngeren Geschichte wurde die politische Bedeutung des Balkons von Vuk Drašković bei der Demonstration am 9. März 1991 erneuert, als er vor der versammelten Menschenmenge den Sturz des Regimes von Slobodan Milošević forderte.

Im Park neben dem Nationaltheater steht seit 1993 auf dem Zoran-Đinđić-Plateau eine **Skulptur für Branislav Nušić.** Der Gründer der modernen Rhetorik hat Meisterwerke hinterlassen, politische und soziale Satiren, die bis heute aktuell sind und mit großem Erfolg aufgeführt werden. Das große Gebäude neben dem Park in der Braće Jugovića 19 ist das „Kriegerheim", in dem sich heute das 🏛 **Haus der serbischen Armee** mit einer öffentlich zugänglichen Galerie befindet. Der Palast wurde im modernen Stil mit Elementen des Expressionismus 1931 erbaut. Der Glockenturm sticht heraus, ebenso wie die öffentliche Uhr. Während des Zweiten Weltkriegs war das Heim Herberge für Offiziere der Wehrmacht und das Gebäude wurde in ein Gestapo-Hauptquartier für den Balkan verwandelt. Es war einer der gruseligsten Orte, wo die Gestapo Prozesse und Folterungen durchführte.

Schräg vis à vis vom „Kriegerheim", in der Francuska, wurde um 1884 ein Haus für den Anwalt und Schriftsteller Milan Piroćanac gebaut. Seit dem Zweiten Weltkrieg beherbergt es die 🏛 **Serbische Schriftstellervereinigung** mit einem legendären 🍽 **Restaurant** (Francuska 7, Tel. +381 11 2627931, klubknjizevnika.rs, Mo–Fr 12–1, Sa 12–24 Uhr), das in der Zeit des Sozialismus ein offener Ort in der Stadt war. Journalisten aus der ganzen Welt kamen hierher, um über die wichtigen Ereignisse zu berichten, ebenso wurde es von Berühmtheiten wie Simone de Beauvoir, Alberto Moravia, Jean-Paul Sartre und vielen anderen besucht.

Auf dem Platz der Republik hinter dem Reiterdenkmal befindet sich auch das 1844 gegründete 🔴19 **Nationalmuseum** (Trg republike 1a, Tel. +381 60 8075020, narodnimuzej.rs, Di, Mi u. So 10–18, Do u. Sa 12–20 Uhr, sonntags ist der Eintritt frei). Früher stand hier das berühmte Belgrader Café Dardaneli, in dem sich die kulturelle und künstlerische Elite der damaligen Zeit versammelte. An der Stelle des Kaffeehauses wurde 1903 ein Palast für die Fondsverwaltung der Nationalbank erbaut. Besonders hervorzuheben sind der Eingang mit Doppelsäulen und prächtigen Kuppeln sowie die Dekoration im Stil der Renaissance. Das Museum zog im Jahr 1950 in den Palast ein, zwei Jahre später wurde es eröffnet. Die größte Rekonstruktion des Gebäudes erfolgte 1966, bei dieser Gelegenheit entwarf Architekt Aleksandar Deroko eine Uhr mit einem Adler, der auf dem Dachkranz unter der zentralen Kuppel montiert wurde. Nach einem Jahrzehnt des Umbaus wurde das Museum 2018 mit einer neuen Dauerausstellung eröffnet. Unter den Exponaten befinden sich der 3500 Jahre alte Dupljaje-Wagen, die Belgrader Mumie aus dem zweiten Jahrtausend v. Chr., das Miroslav-Evangelium, das bedeutendste illustrierte Werk der serbisch-slawischen Alphabetisierung aus dem 12. Jh., das auf der UNESCO-Liste des Weltdokumentenerbes

Das Nationalmuseum auf dem Platz der Republik

steht. Besonders wertvoll ist die Ausstellung europäischer und serbischer Malerei des 19. und 20. Jh.s. Sehen Sie unbedingt die Werke von Pablo Picasso, Vincent van Gogh, Peter Paul Rubens, Claude Monet, Edgar Degas, Paul Gauguin, August Renoir, Henri de Toulouse-Lautrec, Piet Mondrian, Nadežda Petrović, Uroš Predić, Paja Jovanović, Sava Šumanović oder Petar Dobrović. Eine der interessantesten Sammlungen der modernen französischen Malerei verdankt das Museum Erih Šlomović, einem Freund und Assistenten des französischen Galeristen und Verlegers Ambroise Vollard, der Šlomović einen Teil seiner Kunstwerke hinterließ. Šlomović, der dann die beachtliche Kunstsammlung weiter aufbaute, wurde als Jude im Zweiten Weltkrieg von den Deutschen erschossen. Ein Teil der in Aluminiumkisten geretteten Gemälde ist nun im Nationalmuseum ausgestellt, sodass ein Traum von Šlomović doch noch in Erfüllung ging.

Gegenüber dem Nationaltheater, neben der Reiterstatue, sehen Sie den 🏛 **ehem. Palast „Riunione"**, gebaut 1931 als herausragendes Beispiel kubistischer Architektur in Belgrad. Heute beherbergt es das „Boško Buha" Kindertheater, Büros, Ateliers und Cafés.

Am Platz der Republik befindet sich das 🏛 **Belgrader Kulturzentrum** (Trg republike 5, Tel. +381 11 2621469, www.kcb.org.rs, Mo–Sa 12–20 Uhr), ehemals das „Haus der Presse", das 1961 errichtet wurde. Es verfügt über einen Souvenirladen, eine Buchhandlung, eine Galerie und ein Kino und präsentiert Kunst-, Musik- und Literaturprogramme.

Hinweis: Um den Platz gibt es Smart-Bänke mit Internet- und USB-Anschlüssen.

Urbanes Leben im Skadarlija-Viertel

4 Dorćol: Stadtteil mit Flair

AUSGANGSPUNKT Vase Čarapića
ENDPUNKT Donaupromenade
DAUER Je nach Tempo und Aufenthalt ca. 3,5 Stunden

DIE ROUTE Etappe 1: 1 Philosophische Fakultät, 2 Gebäude von Kapitän Miša, 3 Studentenpark, 4 Türbe des Scheichs Mustafa, 5 Kolarac-Stiftung, 6 Ethnographisches Museum, 7 Gebäude des Aero Klubs, 8 Gebäude mit grünen Fließen. Etappe 2: 9 Bajrakli-Moschee, 10 Božić-Haus, 11 ehem. Gebäude der Ersten Donaudampfschifffahrts-Gesellschaft, 12 Čukur-Brunnen, 13 Haus von Nikola Pašić, 14 Haus von Đura Jakšić, 15 Sebilj-Brunnen. Etappe 3: 16 Aleksandar-Nevski-Kirche, 17 Heim des Heiligen Sava, 18 Oneg-Šabat-Gebäude, 19 ehemalige Gebäude der Jüdischen Frauengesellschaft, 20 Denkmal „Menora in Flammen".

Im Stadtteil Dorćol wechseln sich historische Sehenswürdigkeiten, alte Tavernen, moderne, vielbesuchte Cafés und Clubs mit ruhigen, reich begrünten Wohnvierteln ab. In seinen Hinterhöfen wachsen Rosen und Hortensien und der Duft von Lindenblüten, das Gurren von Tauben, die Klänge eines Klaviers geben diesem Fleckchen Erde ein besonderes Flair. Dorćol wurde nach den beiden türkischen Wörtern *dört*, „vier", und *yol*, „Weg" benannt.

Etappe 1: Von der Vase Čarapića bis zum Uzun Mirkova

Bis zur Befreiung von den Türken waren die wichtigsten Straßenzüge in Belgrad die Vase Čarapića, die wir jetzt betreten, sowie die Cara Dušana, die wir am Ende unserer Tour passieren werden. Die Vase Čarapića (kurz Vasina) war bekannt als jene Straße, in der sich zahlreiche Geschäfte, Tabakläden und Kaffeehäuser befanden. Eines der Cafés war die Taverne „Goldener Engel" auf Vasina 9. Im ersten Stock des heute noch existierenden Gebäudes eröffnete Moša Avram Maca die Erste privilegierte königliche serbische Fabrik für Sonnen- und Regenschirme. Maca war dafür bekannt, dass er jeglichen Streit vermied, und so sprach er nie über Politik. Es reichte aus, ihn zu fragen, ob er etwas gehört hätte, daraufhin soll er geantwortet haben: „Ich habe nichts gehört und ich möchte nichts hören! Ich verkaufe Schirme!" Die Belgrader übernahmen schnell Macas „Verteidigungsstrategie" und „Ich verkaufe Schirme" wurde zunehmend zum geflügelten Wort. Falls Sie eine Stärkung benötigen, können Sie hier im Erdgeschoß in der Bäckerei der Kette 👜 **Hleb&Kifle**, Coffee to go, Makronen oder Bäckereispezialitäten mitnehmen.

Wir nähern uns auf der linken Straßenseite dem Platz vor dem 1974 modernistisch errichteten Gebäude der 🏛 **Philosophischen Fakultät** (Čika-Ljubina 18–20, Tel. +381 11 2639119, www.f.bg.ac.rs). Während des Baus wurden hier die Überreste von Häusern gefunden, erste Hinweise auf eine Ansiedlung in dieser Gegend im ersten Jh. Es wurden dort auch Heilbäder aus dem dritten und vierten Jh. entdeckt, deren halbkreisförmige Wände rekonstruiert wurden, um diese Thermen darzustellen. An der Fassade der Fakultät sehen Sie eines der bedeutendsten und ältesten Graffiti der Stadt, ein Wandgemälde des berühmten Malers Vladimir Veličković. Im Erdgeschoß der Fakultät bietet das 🍴 **Restaurant Plato** (Čika-Ljubina 18–20, Tel. +381 60 8382103, www.restoran plato.rs, Mo-Sa 8-24, So 9-24 Uhr) Cocktails für jeden Geschmack, außerdem eine internationale Küche. Neben den Treppen, im Souvenirla-

Palais von Kapitän Miša

den mit dem gleichen Namen, können Sie schöne Postkarten kaufen. In der Mitte des Platzes, auf dem „Plateau", steht ein 🏛 **Denkmal** für den Herrscher, Dichter und Denker **Petar Petrović Njegoš II.** (1813–1851).

Im Anschluss an die Fakultät sehen Sie das **② Gebäude von Kapitän Miša**, das 1863 als erstes Palais in Serbien errichtet wurde. Dieser rot-weiße „venezianische Palast", wie man ihn nannte, wurde mithilfe von Kapitän Miša Anastasijević, einem Salzhändler und Partner von Fürst Miloš, gebaut und von Jan Nevole entworfen. Er ist im Stil der Romanik gestaltet, die Fassade des Gebäudes ist vielfältig verziert und enthält die Skulpturen „Apollo mit Speer und Schild" und „Minerva mit Lyra" sowie Medaillons mit einem Engelsmotiv über dem Eingang. Ursprünglich sollten die Tochter und der Schwiegersohn des Kaufmanns hier wohnen, dieser Plan wurde aber geändert und der Palast wurde dem damaligen Fürstentum und seinen Kultur- und Bildungseinrichtungen gestiftet. Das lange Zeit höchste Gebäude in Belgrad war auch als Beobachtungsposten geeignet. Im Glaspavillon ganz oben befand sich eine Feuerwache, die Alarm schlug, sobald irgendwo in der Stadt ein Brand ausgebrochen war. Heute ist in dem Palais die Universität Belgrad beheimatet, wo auch der Autorin dieser Zeilen der Doktortitel verliehen wurde.

Gegenüber dem Palast betreten wir den **③ Studentenpark**, auf dem sich bis 1926 der Große Markt und noch vor dieser Zeit ein türkischer Friedhof befand. Mit seinem

Gebäude der Chemischen und Mathematischen Fakultät im Studentenpark

dekorativen Zaun und den Eisentoren ist es die einzige beispielhaft umgrenzte Parkanlage der Hauptstadt.

Vom Park aus ist das 🏛 **Gebäude der Chemischen und Mathematischen Fakultät** der Universität Belgrad zu sehen, der Ausblick auf die Donau ist mit diesem Bau aus dem Jahr 1954 aber nicht mehr gegeben. An dieser Stelle befand sich das berüchtigte Polizeihauptquartier Glavnjača, in dem politische und kriminelle Gefangene mehrerer Regime inhaftiert und gefoltert wurden. Ein Gedenkstein vor der Fakultät erinnert daran.

Neben dem Universitätsgebäude, in der Višnjička, befindet sich die **Türbe des Scheichs Mustafa**, die dem Leiter der Tekke (islamische Kultstätte) Haddsch Scheich Mohammed gewidmet ist. Sie wurde 1783 errichtet und war Teil einer Tekke, an der sich die Derwische versammelten. Die Türbe hat einen sechseckigen Boden, auf dem sich in der Mitte des Raumes ein überdachter Sarkophag befindet, in denen zwei weitere Derwische begraben sind.

Die **Kolarac-Stiftung** (Studentski trg 5, Tel +381 11 2635073, www.kolarac.rs) in unmittelbarer Nähe auf dem Studentenplatz ist ein Geschenk des Kaufmanns Ilija M. Kolarac an das Volk aus dem Jahr 1929. Hier können Sie in einem Konzertsaal mit außergewöhnlicher Akustik exzellente Konzerte besuchen. Im Souterrain der Stiftung gibt es eine 🏛 **Galerie,** die sich auf die Arbeit junger bildender Künstler fokussiert.

Seit 1951 ist am Studentenplatz im ehemaligen Gebäude der Belgrader Börse das

6 Ethnographische Museum (Studentski trg 13, Tel. +381 11 3281888, http://etnografskimuzej.rs, Di–Sa 10–17, So 9–14 Uhr) beheimatet, eines der ältesten seiner Art auf dem Balkan. Die Dauerausstellung erstreckt sich über drei Ebenen mit ethnografischen Objekten, die in getrennten Sammlungen angeordnet sind: Möbel, Trachten, Schmuck, Kultgegenstände, Tierhaltung etc.

Wenn Sie ein Fan von alten Filmen sind, machen Sie Halt in der Uzun Mirkova 1, wo sich die **Jugoslawische Kinothek** befindet. Sie ist leicht erkennbar an der lebensgroßen Skulptur des Schauspielers und Oscar-Preisträgers serbischer Abstammung Karl Malden.

Anschließend kommen wir zum **7 Gebäude des Aero Klubs** (Uzun Mirkova 4), das 1935 im Art-déco-Stil für die Luftfahrtinstitution des Königreichs Jugoslawien nach einem Projekt des Architekten und Piloten Vojin Simeonović erbaut wurde. Hinter dem Eingang befindet sich eine prächtige Wendeltreppe, die von einem bemalten Glasfenster mit dem Thema „Daidalos und Ikaros" natürlich beleuchtet wird. Die gesamte erste Etage wurde für repräsentative Zwecke konzipiert und beherbergt heute ein exklusives **Aero Klub Restaurant** (Uzun Mirkova 4, Tel. +381 11 2626077, https://restoranaeroklub.rs, tägl. 9–22 Uhr).

In der Straße Uzun Mirkova 5 wurde in der Zwischenkriegszeit das **Haus des Architekten Milan Sekulić** gebaut. Das authentische Interieur seiner Wohnung beherbergt die größte Ikonensammlung in Serbien (Fr 10–18, Sa 10–17, So 10–14 Uhr, um Voranmeldungen wird unter Tel. +381 60 5005134 gebeten, www.mgb.org.rs/posetite/zbirku-ikona-sekulic). Der Wohnraum im russischen Stil mit einem imposanten Kamin enthält Ikonen aus dem 15. bis 20. Jh., hauptsächlich aus Russland, die Möbel wurden von Milan Sekulić entworfen. Neben den 165 Ikonen sind Ölgemälde berühmter serbischer Maler des 19. Jh.s und früherer

Karl-Malden-Skulptur vor der Kinothek

Jugendstil in Belgrad: Gebäude mit grünen Fließen

Perioden zu sehen. Die Ikonen, Gemälde und die Wohnung wurden 1970 von Sekulić und seiner Frau dem Belgrader Stadtmuseum überlassen.

Das 8 **Gebäude mit grünen Fließen** vom Architektenteam Andra Stevanović und Nikola Nestorović an der Straßenecke gegenüber ist eines der schönsten Beispiele in Belgrad für Jugendstilarchitektur aus dem Jahr 1907. Der Architekt Stojan Titelbah hat das Nachbarhaus des Händlers Aron Levi ebenso mit Jugendstilelementen geschmückt.

Etappe 2: Durch das alte Zerek

Der Teil von Dorćol, der sich von der Straße Knez Mihailova bis zur Straße Cara Dušana erstreckt, hieß einst Zerek (türk. *zeyrek,* „Aussichtspunkt"). Wir betreten diesen Teil der Altstadt mit seinen bürgerlichen Häusern, auf dessen heruntergekommenen Fassaden die Initialen der ehemaligen Eigentümer sichtbar sind. Kastanienbäume und kräftig blaue Hortensien strahlen Ruhe inmitten der lärmenden Großstadt aus.

In der Uzun Mirkova sind mehrere Gebäude nebeneinander mit Art-déco-Merkmalen zwischen 1922 und 1927 gebaut worden. Am Ende dieser Reihe ist die **Kleine Galerie** (Uzun Mirkova 12, Mo–Fr 12–19, Sa 10–15 Uhr), der Verband der angewandten Künstler und Designer, untergebracht

Das Gebäude des **Pädagogischen Museums** (Uzun Mirkova 14, Tel. +381 11 2625621, www.pedagoskimuzej.org.rs, Di–Fr 10–18.30, Sa 10–17, So 10–15 Uhr) wurde nach einem Projekt des österreichischen Architekten Franz Janke im Jahre 1840 im Stil des Klassizismus als Privathaus des damaligen Verwalters der Stadt Belgrad errichtet. Später entstand hier ein Realgymnasium, in dem bekannte serbische Persönlichkeiten des 19. Jh.s zur Schule gingen oder unterrichtet haben. Heute beherbergt der Bau eine 2007 eingerichtete Dauerausstellung. Mithilfe von Maketten werden Klassenzimmer mit altmodischen Bänken und pädagogischen Instrumenten originalgetreu präsentiert sowie Einblicke in die Entwicklung der serbischen Schulen und der Schrift gegeben.

Neben dem Museum gehen wir die Cara Uroša hinunter, wo sich rechts die 🏛 **Fresken-Galerie** (Cara Uroša 20, derzeit geschlossen) befindet, die die größten Errungenschaften der serbischen mittelalterlichen und byzantinischen Kunst zeigt. Die Sammlung umfasst 1300 Kopien von Wandgemälden aus der Zeit vom 11. bis zur Mitte des 15. Jh.s sowie einige Kopien von Ikonen. Alle gezeigten Repliken sind Werke, deren Abmessungen, Herstellungsverfahren und Beschädigungen den Originalen voll und ganz entsprechen.

An dieser Stelle befand sich vor dem Zweiten Weltkrieg die sephardische Synagoge Bet Izrael. Sie galt als die schönste Synagoge und war die einzige der Stadt im neomaurischen Stil. Während des Ersten Weltkriegs wurde das Bethaus beschädigt, der zweite Schaden am Gebäude entstand 1941 während des Bombenangriffs auf Belgrad, letztendlich wurde es am Ende des Zweiten Weltkriegs niedergebrannt. Nachdem der Wiederaufbau der zerstörten Synagoge nicht rentabel gewesen wäre, beschloss die jüdische Gemeinde nach dem Krieg, das Grundstück an Serbien zu spenden, mit der Klausel, dass eine kulturelle Einrichtung darauf errichtet und der Ort angemessen gekennzeichnet werden sollte.

Wir gelangen auf die Gospodar Jevremova, in der sich links die 9 **Bajrakli-Moschee** befindet, die zwischen 1660 und 1688 als Stiftung des Sultans Suleiman II. errichtet wurde. Sie ist herausragend

Minarett der Bajrakli-Moschee

zentral, von allen Moscheen Belgrads aus sichtbar positioniert und nach der Flagge (türk. *bayrak)* benannt, die am Minarett gehisst wurde, wenn der Beginn des Gebetes für alle Belgrader Moscheen angekündigt wurde.

Auf der rechten Seite befindet sich das „Haus der Kirche und Schule der jüdischen Gemeinde", wie ganz oben am

---

★ UNBEDINGT HINGEHEN

Studentenpark → Seite 77
Vuk- und Dositej-Museum
→ Seite 85
Skadarlija Viertel → Seite 87
Aleksandar-Nevski-Kirche
→ Seite 90

Gebäude zu lesen ist. Entworfen wurde das Haus 1928 vom Architekten Samuel Sumbul im byzantinischen Stil, errichtet von der sephardischen Gemeinde. Heute beherbergt es das **Jüdische Gemeindezentrum Belgrad,** die **Konföderation der jüdischen Gemeinden Serbiens** sowie das 1948 gegründete **Jüdische historische Museum** (Kralja Petra 71a, www.jimbeograd.org, Mo–Fr 10–14 Uhr). Beim empfehlenswerten Besuch des Museums haben Sie die Möglichkeit, eine fünfzig Jahre alte Ausstellung zu besuchen, in der die Geschichte der Juden von ihrer Ankunft am Balkan bis zum Holocaust und der Wiederherstellung der Gemeinde gezeigt wird. Alle Objekte der Dauerausstellung werden in einfachen Vitrinen präsentiert, die Beschreibungen sind auf Serbisch und Englisch. Auf Schwarzweißfotos sieht der Besucher jüdische Viertel, Gassen, Friedhöfe und Synagogen in den verschiedenen Städten des ehemaligen Jugoslawien. Dokumente, Bücher und Briefe sowie Fotografien von Menschen und Einrichtungen bezeugen, wie sich das Leben und die Gemeinde gesellschaftlich, politisch und kulturell bis hin zum Zweiten Weltkrieg entwickelt hat.

Seit der Antike leben Juden auf dem Territorium des heutigen Serbiens, allerdings kann man eine größere Anzahl von Juden erst ab dem 16. Jh. feststellen, besonderes nach ihrer Vertreibung aus Spanien. Die Sepharden haben das, was sie mit Spanien verbindet, mitgebracht: ihre Lebendigkeit und die melodische Sprache Judeoespanol, auch als Ladino bekannt. Schon im 17. Jh. war die Belgrader Gemeinde berühmt für ihre Jeschiwa (Talmud-Hochschule). Als bedeutendstes politisches Ereignis für die serbischen Juden gilt der Berliner Kongress im Jahr 1878. Serbien ist ein souveräner Staat geworden und die Juden haben ihre bürgerliche und politische Gleichberechtigung bekommen. Seither entwickelte sich die Gemeinde, die Zahl der Juden wurde immer größer. Im 19. Jh. sind auch viele aschkenasische (mittel-osteuropäische) Juden nach Belgrad gekommen, meist Handwerker aus Österreich-Ungarn. Die B'nai-B'rith-Loge Serbien wurde im Jahr 1911 gegründet, als Institution sephardischer und aschkenasischer Juden. Eine ihrer Initiativen war auch, das jüdische Museum zu gründen. Serbische Juden haben sich selbst als Serben mosaischen Glaubens bezeichnet. Auf vergrößerten Fotografien sieht man Juden, die im Ersten Weltkrieg Seite an Seite mit Serben gekämpft haben, sie haben in diesem furchtbaren Abschnitt der Geschichte besondere Loyalität und Verbundenheit mit ihrer Heimat gezeigt und das Königreich Serbien war eines der ersten, die 1917 die Balfour-Deklaration unterschrieben hatten. Mit Luftangriffen auf Belgrad begann 1941 der deutsche Balkanfeldzug, nach nur wenigen Monaten konnten die Deutschen Belgrad zur „judenfreien Stadt" erklären, etwa neunzig Prozent der jüdischen Bevölkerung wurde ausgelöscht. Zu Beginn des Jahres 1941 lebten im heutigen Serbien 39.000 Juden, nur rund 4800 überlebten den Krieg. Damit beginnt die tragische Geschichte der Juden am Balkan und der berührende Teil der Ausstellung: Aufnahmen von Massengräbern mit unzähligen Toten, Abbildungen aus den KZs und persönliche Gegenstände. Etwa 4500 Juden

Jüdisches Gemeindezentrum Belgrad, Konföderation der jüdischen Gemeinden Serbiens und Jüdisches historisches Museum

haben als Partisanen gegen die Nazis und die deutsche Okkupation gekämpft, einige von ihnen, die nach dem Krieg zurückkehrten, erlangten führende Positionen in der Politik der Nachkriegszeit. So zum Beispiel Moša Pijade, ein enger Vertrauter des jugoslawischen Staatschefs Josip Broz Tito, der schließlich auch Präsident des Parlaments wurde. Zwei Tage nach der Befreiung Belgrads wurde das Tor zum Gebäude der Konföderation der jüdischen Gemeinden geöffnet. Die Konföderation nahm die Arbeit wieder auf, die rückkehrenden Juden wurden untergebracht und die Synagoge wurde eingeweiht. Ende Dezember 1944 organisierte der

Božić-Haus mit dem Museum für Theaterkunst

Chor ein Konzert im Großen Saal der jüdischen Gemeinden. Der älteste heute existierende aktive jüdische Kulturverein ist die 1879 gegründete Serbisch-Jüdische Gesangsgesellschaft. Sie wurde als Symbol für die Gastfreundschaft der meist sephardischen Mitbürger geschaffen und heißt heute „Gebrüder Baruh". Die jüdische Gemeinde in Belgrad ist mit ca. 1800 Mitgliedern die größte in Serbien und pflegt ihre größtenteils sephardische Tradition und Kultur.

In der Gospodar Jevremova 19 befindet sich seit 1836 das 10 **Božić-Haus** des bekannten Kaufmanns. Es ist ein seltenes Beispiel für die serbische bürgerliche Architektur des Übergangstils und wurde ein „Kunsthaus", wo berühmte Belgrader Bildhauer lebten und arbeiteten. Heute beherbergt das Gebäude ein kleines **Museum für Theaterkunst** (Gospodar Jevremova 19, https://mpus.org.rs, tägl. 10–14 Uhr), das die Entwicklung des Theaters in Serbien vom 13. Jh. bis in die Gegenwart zeigt. Dieses serbische Haus teilt sich den Innenhof mit einem ehemaligen türkischen, das in der ersten Hälfte des 18. Jh.s erbaut wurde, und ist Teil einer einzigartigen Kulisse, die als „Areal um das Dositej Lyzeum" bezeichnet wird. Im Jahr 1808 wurde hier feierlich die erste Große Schule von Dositej Obradović eröffnet, unter den Studenten befand sich auch Vuk Stefanović Karadžić. Mit dem Zusammenbruch des Aufstands gegen die Türken wurde auch der Unterricht in der Großen Schule eingestellt. Er begann wieder im Jahr 1838 an anderer Stelle mit der Gründung des Lyzeums, anschließend wurde die Große Schule ab 1863 im Kapitän-Mišas-Gebäude untergebracht. Aus dieser Schule entstand im Jahr 1905 die Universität. Das Gebäude auf der Gospodar Jevremova 21 ist mit seiner Zweiteilung typisch orientalisch: Der Selamluk ist der für Männer bestimmte Teil mit Blick auf die Straße, im Haremluk, mit Blick auf den Garten, lebten die Frauen. Das nach dem Zweiten Weltkrieg vollständig restaurierte Gebäude beherbergt das 1949 gegründete **Vuk- und Dositej-Museum** (Gospodar Jevremova 21, www.narodnimuzej.rs/posetite-nas/#muzej-vuka-dositeja, Di, Mi, Fr 10–17, Do u. Sa 12–20, So 10–14 Uhr), das dem Aufklärer Dositej Obradović und dem Reformer und Schöpfer der serbischen Standardsprache, Vuk Stefanović Karadžić, gewidmet ist. Die persönlichen Gegenstände des Sprachforschers sind hier ausgestellt. Er verbrachte die meiste Zeit in Wien, wo er auch starb. Der Schöpfer der serbischen Schriftsprache hat sie einzigartig gemacht mit der Regel „Schreib, wie du sprichst, und lies, wie es geschrieben steht". Jeden zweiten Sonntag kann man im Museum das Monodrama „Mein Vater Vuk Karadžić" in serbischer Sprache sehen. Die Schauspielerin in der Rolle der Tochter Wilhelmine Mina erzählt rührend vom Vater, die Wiener Jahre und das Schicksal der Familie. Im Gegensatz zu Vuks Vermächtnis fehlen die persönlichen Gegenstände von Dositej Obradović, weil sie bei einem Brand zerstört wurden. Ein Teil der Sammlung des Museums basiert daher hauptsächlich auf Archivmaterial, Dositejs Korrespondenz

Vuk- und Dositej-Museum

und Büchern. Als Lehrer und Erzieher, der die Philosophie des Rationalismus in Serbien verbreitete, bereiste er fast den gesamten Balkan und Kleinasien und verbrachte viele Jahre in Wien, um die deutsche Sprache und Kultur zu erlernen. Der Eintritt ist am Sonntag gratis, Audioguides stehen Ihnen in sechs Sprachen zur Verfügung.

Nach dem Besuch des Museums lassen Sie sich in der **Vinothek Podrum Weinart** (Višnjićeva 7, Tel. +381 11 2625237, https://podrumwine art.rs, Mo–Sa 9–1, So 17–1 Uhr) vom Sommelier Weinempfehlungen geben.

Im weiteren Verlauf der Gospodar Jevremova, an der Ecke der Kapetan Mišina links, befindet sich das **ehem. Gebäude der Ersten Donaudampfschifffahrts-Gesellschaft,** die 1829 in Wien gegründet wurde. Es wurde im Art-déco-Stil mit Elementen des Jugendstils und Kubismus errichtet. Die beiden Gebäudeflügel erinnern an die Schornsteine eines Dampfschiffes und der Eingang zum Gebäude an eine Schiffskabine, über dem man einen Anker und das Baujahr sieht. Heute beherbergt es das Kulturzentrum Stari grad.

Wir spazieren durch eine Gegend mit vielen Cafés und Restaurants mit Gärten. Welches auch immer Sie betreten, Sie haben eine gute Wahl getroffen, besonders das **Restaurant Smokvica** (Gospodar Jovanova 45a, Tel. +381 63 446257, http://smokvica.rs/ en/smokvica-jovanova-2/#top, tägl. 8–24 Uhr) gibt Ihnen die Möglichkeit, sich in einem legendären Haus mit historischem Ambiente zu entspannen. Die Architektin dieses Gebäudes ist Jelisaveta Načić, das Haus aus dem Jahr 1904 wurde zum Kulturdenkmal erklärt.

Die Straße, die wir jetzt entlanggehen, ist nach Jevrem Obrenović benannt, einem der gebildetsten Menschen jener Zeit, der Gouverneur von Belgrad, der Bruder von Miloš Obrenović und der Großvater von König Milan Obrenović.

An der Ecke zur Dobračina nähern wir uns dem **Čukur-Brunnen** (türk. çukur, „Grube", „Loch"), dem Ort eines historischen Ereignisses. Das alte Belgrad hatte bis 1892 kein System der Wasserversorgung, sondern lediglich Brunnen. Die Türken stritten oft um den Zugang zu den Brunnen, so dass es deswegen täglich Konflikte mit den Serben gab. Im Sommer 1862 kam es dabei zu einem schicksalhaften Streit, der mit dem Tod des 13-jährigen Jungen Sava Petković endete. Serbische Gendarmen verhafteten zwar den Mörder, aber wegen des Einsatzes türkischer Soldaten dauerten die darauffolgenden Kämpfe zwischen Türken und Serben die ganze Nacht. Am 17. Juni begannen die Türken, Belgrad zu bombardieren, Fürst Mihailo erklärte den Kriegszustand

Bronzestatue des Dichters und Malers Đura Jakšić vor seinem Haus

und ein größerer bewaffneter Konflikt konnte nur durch die Intervention der Großmächte verhindert werden. Diese Ereignisse ebneten schließlich den Serben den Weg für die Erlangung der vollen Kontrolle über die Städte. Das Werk „Der Junge mit zerbrochenem Krug" des serbischen Bildhauers Simeon Roksandić ist eine realistische Skulptur des ermordeten Knaben. Der Tabakhändler Vandel Toma war der Stifter des Brunnens, das dort angebrachte Datum, 26.5.1862, ist höchstwahrscheinlich jedoch unrichtig.

An der Ecke zur Francuska erreichen wir das 13 **Haus von Nikola Pašić,** Politiker und Staatsmann. Es erhielt sein heutiges Aussehen im Jahr 1921. Anlässlich des zehnjährigen Todestages 1936 wurde dem Premierminister und Führer der Radikalen Partei Serbiens eine Marmortafel gewidmet. Das Haus ist heute in einem heruntergekommenen Zustand.

Wir überqueren die Francuska und betreten das alte Künstlerviertel, die berühmte Skadarlija. An der Ecke zur Skadarska befindet sich eines der ältesten Gebäude in diesem Teil der Stadt, das sogenannte **Haus der Größen.** An der Außenwand gibt es eine Gedenktafel mit den Namen berühmter Künstler, die hier lebten. Auf der anderen Straßenseite, Skadarska 34, steht das 14 **Haus von Đura Jakšić** (1832–1878), serbischer Schriftsteller und Maler. Das Gebäude kann man besuchen, es ist an einer Bronzestatue zu erkennen, das den Dichter mit Mantel und Hut darstellt (www.kucadjurejaksica.rs).

Belgrads Skadarlija wurde von Schauspielern entdeckt,

Skadarlija, das alte Künstlerviertel

da es in der Nähe des Nationaltheaters lag und billige Unterkunft und günstiges Essen bot. Die Schauspieler und Schriftsteller gingen gern auf die gepflasterte Straße, für Damen mit hohen Absätzen ein eher schwieriges Terrain. Heute ist diese Bohème-Straße berühmt für ihre Cafés und Gasthäuser mit exzellenter regionaler Küche und Orchestern, die vom serbischen Kolo-Tanz bis hin zum Wiener Walzer alles spielen. Von den Gästen hörte man oft, dass sie hier „nachts ihre schönsten Tage verbrachten". Im Allgemeinen spielte sich im alten Belgrad alles außerhalb des Familienlebens in den Cafés ab. Hier wurden Geschäfte und Politik gemacht, Geld gewechselt, Klagen und Petitionen an die Behörden aufgesetzt, man lernte sich kennen und heiratete. Es gibt keinen Platz in Belgrad, an dem so viele große Schriftsteller gewesen sind, wie in einem der ältesten Cafés der Skadarlija, dem 🍴 **Tri šešira** („Drei Hüte", Skadarska 29, Tel. +381 60 3130180, trisesira.rs, tägl. 11–2 Uhr) mit dem niedrigen Dach. Die Taverne wurde nach der Hutwerkstatt benannt, die sich hier befand. Das Gasthaus mit den berühmten karierten Tischtüchern und dem archaischen Ambiente führt ein Gästebuch mit Namen wie Willy Brandt, Georg Bush, König Juan Carlos oder Alessandro Pertini. Besuchen Sie auch die Taverne 🍴 **Dva jelena** („Zwei Hirsche", Skadarska 32, Tel. +381 11 7234885, dvajelena.rs, tägl. 10–1 Uhr), die der Legende entsprechend nach Jägern benannt wurde, die aus der Avala kamen (siehe Seite 124) und ihren Fang in die Taverne mitbrachten. Einen Besuch würdig sind auch die Restaurants ** Ima dana** (Skadarska 38, Tel. +381 11 7234422, restoranimadana.rs, tägl. 9–1 Uhr), ** Mali vrabac** (Skadarska 34, Tel. +381 69 1872252, malivrabac.rs, tägl. 7–2 Uhr), ** Šešir moj** (Skadarska 21, Tel. +381 11 7228750, sesirmoj.rs, tägl. 9–1 Uhr), ** Zlatni bokal** (Skadarska 26, Tel. +381 11 7234834) und das Gebäude der berühmten **ehem. Nationalbrauerei Bajloni**. „Ignjat Bajloni und Söhne" wurden in den Achtzigerjahren des 19. Jh.s Eigentümer einer ehemaligen Kleinen Brauerei. Ignjat Bajloni wurde in der Tschechischen Republik geboren und suchte sein Glück in Amerika. Der Weg führte ihn durch Serbien, und als er Belgrad sah, soll er gesagt haben: „Es gibt kein besseres Amerika als Serbien." Er kaufte eine kleine, veraltete Brauerei am Ende der Skadarlija und verwandelte sie in eine moderne Musterfabrik. Heute sind an ihrer Stelle Cafés und Clubs untergebracht.

Abschließend bemerkenswert: Seit 1977 besteht eine Gemeindepartnerschaft zwischen der Skadarlija und dem Pariser Montmartre.

Am Ende der Skardarlija sehen Sie vor dem Restaurant ** Velika Skadarlija** (Cetinjska 15, Tel. +381 11 3342230, restoranvelikaskadarlija.com, tägl. 9–1 Uhr) den pseudo-osmanischen **15 Sebilj-Brunnen**, eine Nachbildung des Sarajevo-Brunnens. Auf der anderen Straßenseite stehen Ihnen auf dem grünen **Markt der Skadarlija**, der als „Bajloni-Markt" bekannt ist, regionales Obst und Gemüse, Milchprodukte, Fisch, Blumen, Antiquitäten sowie der Charme des Balkans täglich zur Verfügung.

Gutbürgerliche Küche im Restaurant Mali vrabac

Bitef-Theater in einer ehem. Kirche

Der Backsteinturm, der hinter dem Markt emporragt, gehört zum 🏛 **Bitef-Theater** (http://www.bitef.rs), das sich in der rekonstruierten Deutschen Evangelischen Kirche befindet. Das Bitef (Belgrade International Theatre Festival) wurde 1967 gegründet und hat sich im Laufe der Zeit zu einem der wichtigsten europäischen Festivals entwickelt.

Etappe 3: Von der Aleksandar-Nevski-Kirche zum Holocaustdenkmal

Wir gehen entlang der Cara Dušana, benannt nach dem serbischen König Dušan den Mächtigen (1308–1355), auch als Zar Dušan oder Stefan Dušan bekannt. Belgrads Hauptstraße während der türkischen Herrschaft entsprach genau dieser Straße, damals „Bit-Pazar" genannt. Ein unbedingtes Muss ist die von Jelisaveta Načić entworfene 🔴16 **Aleksandar-Nevski-Kirche,** 1928 im Geiste der nationalen mittelalterlichen Architektur im serbisch-byzantinischen Stil erbaut. Als eines der wertvollen Elemente des Interieurs von besonderer Schönheit, beherbergt die Kirche heute eine Marmorikonostase aus der Karađorđević-Kirche in Oplenac. Beeindruckend ist auch die farbenprächtige Wandmalerei in Secco-Technik.

An der benachbarten Ecke steht das Gebäude des 🏛 **Ersten Belgrader Gymnasiums,** das 1938 im modernistischen Stil an der Stelle des ehemaligen Vidin-Tors errichtet wurde, worauf das Schild an der Fassade hinweist. Die Schule wurde fast ein Jahrhundert früher, im Jahr 1839 gegründet.

In der Nähe befindet sich seit 2005 das 🏛 **Museum für Wissenschaft und Technologie** (Skenderbegova 51, Tel. +381 11 3037850, www.muzejnt.rs, Di–So 10–18 Uhr) im Gebäude des alten Wärmekraftwerks. Die insgesamt ca. 7000 Objekte, die seit der Gründung des Museums dort ausgestellt sind, wurden von den Kuratoren selbst gesammelt, meistens waren es Geschenk. Ihm angeschlossen ist das sehenswerte 🏛 **Museum der Serbischen Ärztegesellschaft** (Džordža Vašingtona 19, Tel. +381 11 3234450, www.sld.org.rs/sr/o-nama/muzej, Di–So 10–20 Uhr) unweit des grünen

Markts, mit einer interessanten Sammlung von historischen medizinischen Instrumenten und Geräten. Das Museum ist im ersten städtischen Krankenhaus untergebracht, es wurde 1868 auf Initiative des Fürsten Mihailo erbaut. Neben dem Kapitän-Miša-Palast ist dieses Gebäude das bedeutendste Beispiel in Belgrad für den Stil der Romanik.

Da unsere nächste Station am Ende dieser langen und nicht attraktiven Cara Dušana liegt, empfehle ich Ihnen, die parallel verlaufende Straße Strahinjića Bana zu nehmen, in der sich schicke Cafés und Restaurants aneinanderreihen. Für Kaffee und Kuchen machen Sie einen Stopp bei der ☕ **Dolce Principessa** (Strahinjića Bana 64, Tel. +381 11 4082931, www.facebook.com/dolceprincipessabg, tägl. 8–24 Uhr) und für das Mittagessen bei 🍴 **Dorian Gray** (Kralja Petra 87–89, Tel. +381 11 2634151, www.facebook.com/DorianGrayBeograd, tägl. 9–1 Uhr).

Zu Beginn des jetzigen Jh.s wurde diese einst ruhige, von Kastanienbäumen flankierte Straße als „Silicon Valley" bezeichnet, eine Anspielung auf die Silikonimplantate der weiblichen Gäste dieser Lokale. Der damalige Wandel in Belgrad hat Spuren im soziopolitischen und kulturellen Leben der Stadt hinterlassen. Diese Straße ist eine Drehscheibe für die neue „Elite".

Wir setzten die Tour fort in der Cara Dušana 13, wo sich das **17 Heim des Heiligen Sava** befindet, das 1890 nach einem Projekt des Architekten Jovan Ilkić erbaut wurde. Die Fassade wurde mit Elementen des neobyzantinischen Stils gestaltet. Das Gebäude wurde von der Heiligen-Sava-Gesellschaft errichtet, die gegründet wurde, um „Bildung und Nationalgefühl in der Bevölkerung zu verbreiten", und deren ehemaliger Sitz sich nebenan befindet. Im Gebäude der Gesellschaft (Cara Dušana 11) lebte der berühmte Schriftsteller und Autor des Romans „Das Chasarische Wörterbuch" Milorad Pavić bis zu seinem Tod im Jahr 2009. Er

Prächtige Wandmalereien in der Aleksandar-Nevski-Kirche

schenkte der Stadt seine Manuskripte und Bücher, sein Legat kann nach vorheriger Anmeldung (E-Mail: ninaj33@gmail.com) besichtigt werden.

Im Bereich dieser zuletzt genannten Gebäude stand laut einigen Forschern die legendäre Karawanserei von Mehmed-Paša Sokolović mit einem Bezistan (orientalischer Markt), die in den Achtzigerjahren des 16. Jh.s errichtet wurde. Mit der Ankunft der Österreicher im Jahre 1717 wurde die Karawanserei in das Barockschloss von Prinz Eugen von Savoyen umgebaut, das 1739 niederbrannte. Der Naturforscher und Archäologe Felix Philipp Kanitz machte eine wertvolle Zeichnung dieser Kulisse und stellte fest, dass Johann Lucas von Hildebrandt am Bau des Schlosses beteiligt gewesen sein könnte.

Die rechts davon gelegene Straße ist nach den Brüdern Baruh benannt. Sie wohnten im Dorćol-Viertel und gründeten den ersten jüdisch-serbischen Gesangsverein, der heute noch als Chor existiert. Wir gelangen in die Jevrejska und Jalija (vom türkischen *yalı*, „Ufer"), ein Teil des alten Dorćol, der während der türkischen Herrschaft in Belgrad entstanden ist. Nachdem die Türken Belgrad verlassen hatten, bauten die reicheren Juden im oberen Teil – in Zerek – Häuser, während kleine Händler in Jalija blieben. Das Zusammenleben der Juden mit ihren serbischen Nachbarn war harmonisch, was sich am besten in ihren Beziehungen untereinander während der Feiertage erkennen lässt. Es war die Regel, dass die Serben an den jüdischen Feiertagen bei ihren Nachbarn zur Schabbatfeier und zu Rosch ha-Schana, dem jüdischen Neujahr, eingeladen waren, was die Serben ihrerseits von Herzen erwiderten. Sie feierten gemeinsam mit den Juden das Familienfest Slava sowie Ostern und Weihnachten. Die Juden organisierten während des Purim-Festes einen Karneval, es wurde in Häusern, in Höfen und auf der Straße getanzt und die Serben tanzten mit. Während des Ersten Weltkriegs wurde Jalija vollständig zerstört. Heute gibt es in diesem Teil von Dorćol, der nicht mehr Jalija genannt wird, nur noch Fragmente einer vergangenen Ära, wie das **18 Oneg-Šabat-Gebäude** (Jevrejska 16). Es wurde von Oneg Šabat und Gemilut Hasadim, Gesellschaften mit religiösen und humanitären Zielen, und vom Architekten Samuel Sumbul im Jahr 1923 errichtet und enthält Elemente, die den Einfluss der maurischen bzw. islamischen Architektur zeigen. Oberhalb des Eingangs steht der Psalm 71,9 auf Hebräisch und Serbisch: „Vertreibe mich nicht, wenn ich alt bin, verlass mich nicht, wenn meine Kräfte schwinden."

Denkmal „Menora in Flammen"

Wir gehen zurück in die Visokog Stevana, wo die Archäologen vor kurzem auf die Überreste einer Synagoge gestoßen sind. Die berühmteste Synagoge in Jalija war die Alte Synagoge (Kal Vijeżu), die wahrscheinlich im 16. Jh. errichtet wurde. Die Synagoge wurde 1941 bei dem deutschen Bombenangriff zerstört. An der Ecke zur Tadeuša Košćuškog befindet sich das ◄19► **ehem. Gebäude der Jüdischen Frauengesellschaft** (1874 gegründet). Das Gebäude wurde 1938 errichtet und beherbergte ein Kinderheim und eine Kindergartentagesstätte. Von 1941 bis 1942 war es ein jüdisches Krankenhaus. Heute ist hier die Fakultät für Sonderpädagogik und Rehabilitation der Universität Belgrad untergebracht.

Gegenüber befindet sich das 1948 gegründete 🛍 **Institut für Heilpflanzenforschung „Dr. Josif Pančić"** (Tadeuša Košćuška 1, Tel. +381 11 2182112, www.mocbilja.rs). In dem kleinen Laden erhalten Sie Heilkräutertees und -tinkturen für alle möglichen Beschwerden in hoher Qualität.

Wenn Sie sich entscheiden, weiter in Richtung Donau zu gehen, obwohl der Weg dorthin nicht attraktiv ist, kommen Sie linker Hand am Sportzentrum Milan Gale Muškatirović und am Tenniszentrum Novak (Tadeuša Košćuška 63) vorbei. Auf der rechten Seite sehen Sie das Denkmal ◄20► **„Menora in Flammen"** des Bildhauers Nandor Glid. Seit 1990 erinnert das Mahnmal an die Belgrader Juden, die während der deutschen Besatzung von 1941 bis 1944 von SS- und Wehrmachtseinheiten verschleppt und ermordet wurden.

Unsere Tour endet an der schönen Donaupromenade.

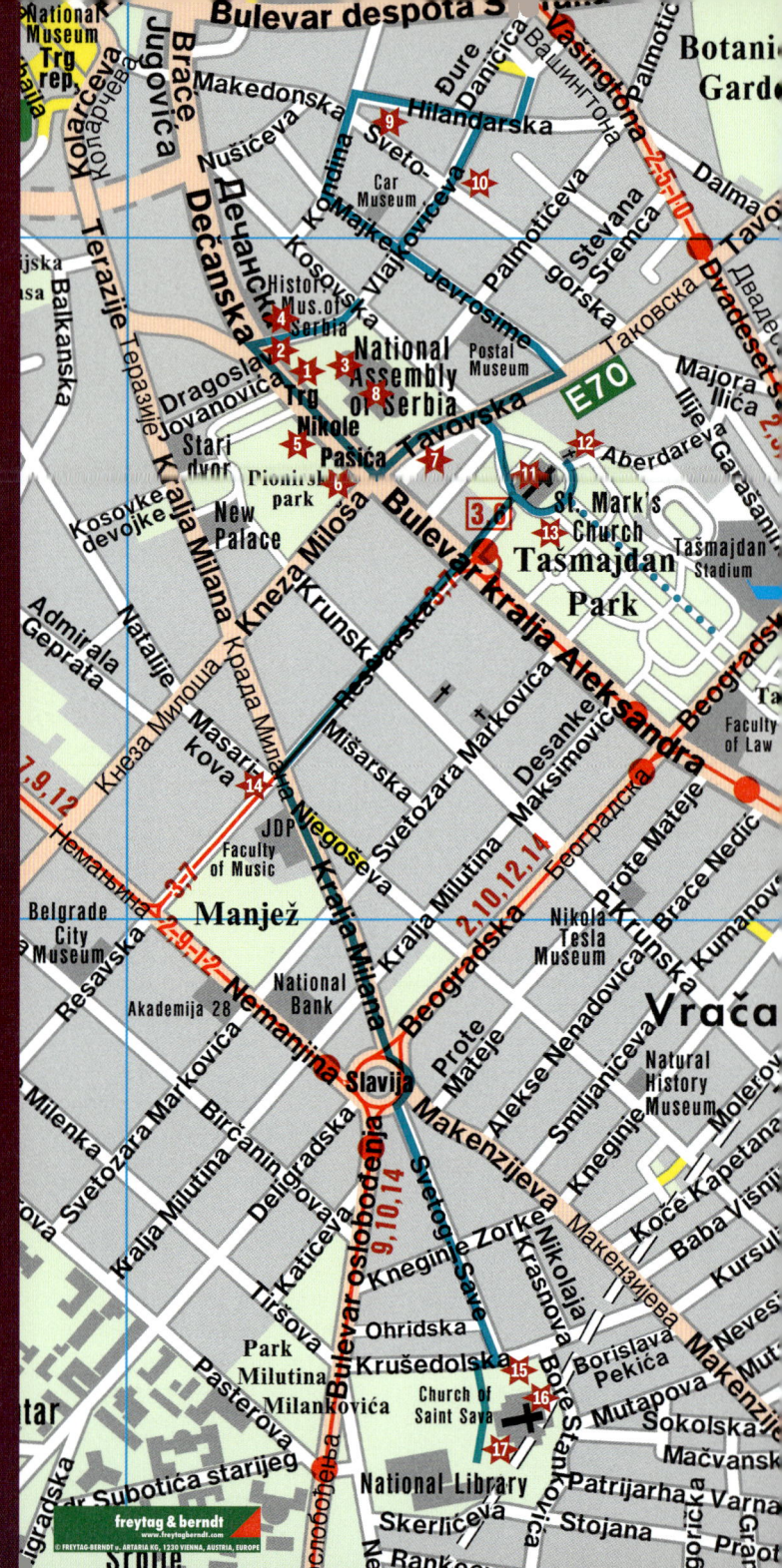

Heilige-Sava-Kirche und Tempel des heiligen Sava

5 Tašmajdan: Naturdenkmal und der heilige Sava

AUSGANGSPUNKT Nikola-Pašić-Platz
ENDPUNKT Svetosavski-Plateau
DAUER Je nach Tempo und Aufenthalt ca. 3,5 Stunden

DIE ROUTE Etappe 1: ❶ Brunnen am Nikola-Pašić-Platz, ❷ Dom sindikata, ❸ Denkmal für Nikola Pašić, ❹ Historische Museum Serbiens, ❺ Pionierpark, ❻ Beobachtungsposten des serbischen Oberkommandos, ❼ Hauptpostgebäude, ❽ Haus der Nationalversammlung der Republik Serbien, ❾ Radio Beograd. Etappe 2: ❿ Heim von Jevrem Grujić, ⓫ Markuskirche, ⓬ Kirche der Heiligen Dreifaltigkeit, ⓭ Tašmajdan-Park. Etappe 3: ⓮ ehemaliges Offiziersheim, ⓯ Denkmal für den heiligen Sava, ⓰ Heilige-Sava-Kirche, ⓱ Tempel des heiligen Sava

Nikola-Pašić-Denkmal vor dem Gewerkschaftsheim

In der ersten Hälfte des 19. Jh.s war dieses Gebiet ein leeres Feld, das von einer Straße nach Konstantinopel gekreuzt wurde und deswegen „Carigradski drum" geheißen hat. Wir werden uns auf unserer letzten Tour unter anderem in den Tašmajdan-Park begeben, dessen Reiz besonders während eines meteorologischen Phänomens, des Altweibersommers *(miholjsko leto),* zu spüren ist, wenn die warmen Tage bis in den Oktober hinein andauern und alles in voller Farbenpracht erstrahlt. Am Ende dieser Tour wird sich der Kreis unserer Streifzüge durch die Stadt schließen.

Etappe 1: Vom Pašić-Platz zum Gebäude von Radio Beograd

Unsere fünfte Tour durch Belgrads Innenstadt beginnen wir am Nikola-Pašić-Platz, der in den 1950er-Jahren im Rahmen einer umfassenden Umstrukturierung von Terazije errichtet wurde. Eingeweiht als „Marx-und-Engels-Platz" zu Ehren der berühmten Theoretiker des Kommunismus, war er in den 1990er-Jahren einer der ersten von vielen Ortsnamen in Belgrad, die mit dem Ende der Ära des sozialistischen Jugoslawiens geändert wurden. Die dominierenden architektonischen Elemente des Platzes sind der **1 Große Brunnen** sowie das massive Gebäude **2 Dom sindikata** („Gewerkschaftsheim"), das 1955 im Stile des „neuen Monumentalismus" errichtet wurde. Das vier Meter hohe **3 Denkmal für den Politiker Nikola Pašić** wurde 1998 aufgestellt.

Das **4 Historische Museum Serbiens** (Trg Nikole Pašića 11, Tel. +381 11 3398018, http://imus.org.rs, Di–So 12–20 Uhr) gegenüber dem Brunnen, an der Ecke der Vlajkovićeva, befindet sich in einem Gebäude, das 1934 als Sitz der „Privilegierten Agrarbank" erbaut wurde. In seiner monumentalen und aufwendigen architektonischen Gestaltung ist es eine der wertvollsten Errungenschaften der serbischen Zwischenkriegsarchitektur. Der Einzug des Museums erfolgte ab 1950 in mehreren Etappen. Gesammelt, registriert und erforscht werden Objekte zur Geschichte Serbiens. Es werden regelmäßig Wechselausstellungen gezeigt.

Angrenzend an den Platz sehen Sie im Hintergrund den **Alten Palast** und den **Neuen Palast** (siehe Seite 48 f.), Sitz der Versammlung der Stadt Belgrad bzw. des Präsidenten von Serbien. Wir passieren jetzt den **5 Pionierpark,** in dem während der Bauarbeiten für eine unterirdische Garage 15 römische Gräber und ein Sarkophag aus dem späten dritten und früheren vierten Jh. gefunden wurden. Im östlichen Teil des Parks wurde 1965 von einem unbekannten Künstler der **Brunnen „Mädchen mit einem Krug"** in Bronze entworfen. Auf dieser Grünfläche dominieren alte Zürgelbäume, ganz am Rande befindet sich der **6 Beobachtungsposten des serbischen Oberkommandos,** der nach Angaben einiger Quellen 1918 mit Ochsenwägen nach Belgrad verlegt wurde. Es wird vermutet, dass er sich in Mazedonien auf dem Berg Kajmakčalan befand, von wo aus einer der wichtigsten Kämpfe für die Befreiung Serbiens seinen Ausgang nahm. Vor diesem Denkmal sind die Namen aller Generäle der serbischen Armee, die für den großen Sieg im Ersten Weltkrieg verantwortlich waren, auf Tafeln verzeichnet.

Wir überqueren den Bulevar kralja Aleksandra in Richtung Haus der Nationalversammlung, wo sich rechts das **7 Hauptpostgebäude** befindet. Es wurde 1938 als Palast der Postsparkasse, der Hauptpost und des Haupttelegraphen errichtet. Die Fassaden des Palastes sind im Stil der monumentalen akademischen Architektur gestaltet, die für Belgrads Bauwerke in den

Der Große Brunnen vor dem Haus der Nationalversammlung

Hauptpostgebäude

1940er-Jahren des letzten Jh.s charakteristisch war. Gegenüber sollten Sie der traditionellen Konditorei ☕ **Pelivan** (Bulevar kralja Aleksandra 20, Tel. +381 11 3231679, https://pelivanbeograd.rs, Mo–Sa 8–21, So 12–18 Uhr), die seit 1851 für

> ★ **UNBEDINGT HINGEHEN**
>
> Tašmajdan-Park → Seite 106
> Nikola-Tesla-Museum → Seite 108
> Tempel des heiligen
> Sava → Seite 113

ihr exzellentes Eis bekannt ist, einen Besuch abstatten.

Wir stehen vor dem serbischen Parlament, dem **8 Haus der Nationalversammlung der Republik Serbien** (Trg Nikole Pašića 13). Die Belgrader Tourismusorganisation führt jeden ersten Samstag im Monat kostenlos durch das Haus, allerdings nur in serbischer Sprache, Anmeldungen sind erforderlich (Tel. +381 11 2635622). Die Projektpläne wurden von Konstantin Jovanović 1892 ausgearbeitet, überraschenderweise wurde der Bau jedoch Jovan Ilkić anvertraut, der Jovanovićs Projekt in vielerlei Hinsicht verwendete, was zu Kritik in der Öffentlichkeit führte. Der Bau begann 1907 und dauerte dreißig Jahre, unterbrochen von Kriegen, aber auch aufgrund fehlender materieller Ressourcen. Im Oktober 1936 wurde das Haus in Anwesenheit von König Petar I. Karađorđević eingeweiht. Das Gebäude der Nationalversammlung wurde unter strikter Einhaltung der Regeln des Akademismus errichtet, imponierend sind vor allem der mittlere Gebäudeteil mit dem Eingang und der eleganten Kuppel. Die wenigen dekorativen Elemente sind an beiden Seiten der Außenfassade (oberhalb der Fenster im ersten Stock) angebrachte Medaillons mit der Darstellung der Göttin Athene und der antiken Staatsmänner Perikles, Demosthenes und Cicero, Arbeiten des Bildhauers Đorđe Jovanović. Über dem Portal sind außerdem zwei Engelsskulpturen mit Fackel und Olivenzweig, nach einer Idee von Petar Palavičini, erkennbar. Die monumentale Treppe wird von zwei großen Skulpturengruppen aus Bronze, den „Tänzelnden Rappen" des Bildhauers Toma Rosandić, flankiert. In der Eingangshalle, dem Vestibül, befinden sich vier Marmorfiguren: Zar Dušan, König Tomislav, Prinz Kocelj und Karađorđe. Sie stellen Persönlichkeiten dar, die die historische Entwicklung aller drei konstituierenden Völker des Königreichs der Serben, Kroaten und Slowenen sowie der Karađordević-Dynastie symbolisieren. Im kleinen Saal befindet sich das größte Fresko in Serbien, erschaffen von Mate Meneghello Rodić, aus dem Jahr 1937. Auf der Galerie dargestellte Paare in Trachten vertreten Montenegro, Bosnien, Kroatien, Serbien, Slowenien und Mazedonien und wurden von Mirko Rački gemalt. Die Bi-

Haus der Nationalversammlung der Republik Serbien

Das Gebäude des ehem. Postministeriums im serbischen Nationalstil

bliothek im Obergeschoß, mit über 60.000 Büchern, ist besonders hervorzuheben. Das älteste Exemplar stammt vom serbischen Dichter Zaharije Stefanović Orfelin, gedruckt im Jahr 1768. Im Jahr 2001 wurde das Innere der Nationalversammlung umgebaut, insbesondere die Teile, die beim Eindringen von Demonstranten am 5. Oktober 2000 beschädigt wurden.

Hinter dem Parlament, an der Ecke Kosovska 47/Palmotićeva, wurde 1908 das 🏛 **Gebäude der ehem. Telefonzentrale** mit mährischen Ornamenten, ergänzt mit Jugendstildetails, errichtet. Bereits 1886 gehörte König Milan Obrenović zu den Ersten, die das Telefon ausprobierten.

Wir gehen entlang der Palmotićeva, biegen links ab und begeben uns zum 🏛 **Automuseum** (Majke Jevrosime 30, Tel. +381 11 3034625, www.automuseumbgd.com, tägl. 9.30–20 Uhr), das sich in der „Modernen Garage" befindet. Sie wurde 1929 als erstes öffentliches Parkhaus in der Innenstadt gebaut. Der Gründer des Automobilmuseums, Bratislav Petković, besitzt eine Sammlung von etwa hundert Autos, von denen die Hälfte ausgestellt ist. Das älteste Modell ist der Marot-Gardon aus dem Jahr 1897. Hier sind auch Wägen aus den 1950er-, 60er- und 70er-Jahren, darunter der sogenannte Adenauer-Mercedes 300 D-Cabrio, zu sehen. Das Museum besitzt eine Vitrine mit den persönlichen Gegenständen des ersten Autofahrers in Serbien, der 1903 mit einem „Nesselsdorf" durch die Stadt fuhr. Auch die alte Tankstelle „Beim blinden Chauffeur" ist aufgestellt. Am Eingang des Museums sind zwei Scheinwerfer zu sehen, Teile eines Fahrzeugs, in dem der letzte König von Jugoslawien, Aleksandar I. Karađorđević, in Marseille getötet worden ist.

Der Weg führt uns weiter entlang der Majke Jevrosime bis zur Kondina, wo wir rechts abbiegen und an der Ecke zur Svetogorska zum Gebäude von 9 **Radio Beograd** (Hilandarska 2) kommen. Der Bau befindet sich auf dem ehemaligen Grundstück eines wohlhabenden Belgrader Schneiders, der hier einst ein Café namens „Bei den zwei Tauben" besaß. Nach dem Niederreißen des Cafés wurde an dieser Stelle 1933 ein rundes Gebäude, das ehemalige „Handwerksheim", im Stil der Moderne und des Art déco errichtet. Die Skulpturengruppe „Hammerschmid" über dem Eingang stellt einen Meister und seinen Schüler dar. Der Bildhauer hat darauf geachtet, dass am Neubau zwei Tauben in Erinnerung an das Café zu sehen sind. Das kleine Plateau vor dem Gebäude heißt Politika-Platz, benannt nach der ältesten Tageszeitung auf dem Balkan. *Politika* wurde am 25. Jänner 1904 von dem Journalisten Vladislav Ribnikar gegründet. Der Verlag ist in dem hohen Haus aus dem Jahr 1968 untergebracht, vorher war der Sitz der Tageszeitung in dem markanten, gleich nebenan gelegenen **„Politikaheim"**. Es wurde mit einer eindrucksvollen Fassade vom Architekten Milan Sekulić im Jahr 1921 ausgestattet, die Tafeln beim Eingang erinnern daran. Am Platz steht ein **Denkmal für Moša Pijade**, Politiker, Publizist und Maler, sowie ein **Brunnen** mit zwei weißen Tauben-Skulpturen aus 1989.

Automuseum im ersten öffentlichen Parkhaus von 1929

Etappe 2: Vom ehem. Metropolitengarten in den Tašmajdan-Park

Diese Tourstrecke beginnt in der Hilandarska, wo Sie auf Nummer 7 das im serbisch-byzantinischen Stil erbaute 🏛 **Haus von Laza K. Lazarević** sehen. Der Schriftsteller und Arzt kaufte es 1887 und verbrachte dort die letzten Jahre seines Lebens.

Wir befinden uns auf dem nach dem Sprachwissenschaftler Jernej Kopitar benannten Areal Kopitareva Gradina, dem ehemaligen „Metropolitengarten". Während der Sommertage diente er als Erholungsplatz für die obersten Würdenträger der Kirche. In der Jelene Ćetković besuchen Sie das 🏛 **Museum von Jovan Cvijić** (Jelene Ćetković 5, Tel. +381 11 3223126, www.mgb.org.rs/posetite/muzej-jovana-cvijica, Di, Mi, Do u. Sa 10–17, Fr 10–18, So 10–14 Uhr), in dem der berühmte Geograf und Wissenschaftler lebte. Dessen Werk „Das Karstphänomen" ist 1893 in Wien erschienen. Cvijić beauftragte Dragutin Inkiostri Medenjak mit der Gestaltung des gesamten Inneren seines Hauses, wobei jedes Detail im Jugendstil ausgeführt und mit Elementen der serbischen nationalen angewandten Kunst angereichert wurde. Das Museum ist mit Sicherheit einen Besuch wert.

Zurück in der Jelene Ćetković gehen wir rechts in die Hilandarska und dann links in die Vlajkovićeva. An der Kreuzung biegen wir links in die Svetogorska ein, wo wir das **10 Heim von Jevrem Grujić** (Svetogorska 17, Tel. +381 11 4073612, http://domjevremagrujica.com, Do u. Fr 15–20, Sa u. So 11–16 Uhr) besuchen. Der berühmte Politiker und Diplomat ließ das Gebäude für seine Tochter Miroslava-Mirka bauen. Es entstand 1896 mit harmonisch integrierten Elementen der Renaissance und des Barock und mit einer für Belgrad einzigartigen Malerei an der Hauptfassade. Das Haus, in dem die Nachfahren von Jevrem Grujić leben, ist für Besucher geöffnet und zeigt immer wieder Ausstellungen. Die Sammlung besteht aus Hunderten von Kunstwerken, die über Generationen gesammelt wurden. Sie können das Hochzeitskleid von Jevrems Frau Jelena aus dem Jahr 1856 sehen, seltene Waffen, Gegenstände der angewandten Kunst u. v. m. Im Teesalon können Sie die Lieblingsschokoladentorte von Königin Natalija Obrenović kosten, die von den Gastgebern nach dem Originalrezept aus ihrem eigenen Archiv zubereitet wird. Jeden Sonntag von 16 bis 17 Uhr werden in der Vorstellung „Zum Tee bei Königin Natalija" Geschichten aus ihrem Leben auf Serbisch vorgetragen (Vorstellung in englischer Sprache für Gruppen nur nach Anmeldung: Tel.

Im Heim von Jevrem Grujić

+381 11 2635622, E-Mail: bginfo.knezmihailova@tob.rs).

Neben dem Grujić-Haus ist das Theater 🏛 **Atelje 212** (Svetogorska 21, Tel. +381 11 3246146, https://atelje212.rs) mit einer kleinen Piazza und einem Denkmal für den berühmten Schauspieler Zoran Radmilović in der Tracht des Königs Ubu zu sehen. In der ganzen Stadt bekannt ist das traditionelle Gasthaus 🍴 **Srpska Kafana** (Svetogorska 25, tägl. 7–23 Uhr), in dem wegen des nahegelegenen Theaters schon zahlreiche Schauspielgrößen bodenständige Spezialitäten und Weine verkostet haben. Hier ist auch die humanitäre Veranstaltung „Die Straße des offenen Herzens" entstanden. Am 1. Jänner wird auf der Svetogorska traditionell mit Freunden und Nachbarn gefeiert, das Hauptprogramm findet vor dem Theater statt, wo zahlreiche Schauspieler, Künstler, Musiker und Entertainer auftreten.

Wir setzen unseren Spaziergang auf der Palmotićeva und dann auf der Majke Jevrosime fort, wo sich das 🏛 **Post-Telegraphen-Telefon-Museum** (Majke Jevrosime 13, Tel. +381 11 3064171, www.pttmuzej.rs, Mo–Fr 10–15, jeden ersten Sa im Monat 11–19 Uhr) befindet. Das Gebäude für das Postministerium wurde 1930 fertiggestellt, es handelt sich um eines der am besten erhaltenen Werke des Architekten Momir Korunović und ist ein Beispiel für die Entwicklung des modernen originellen serbisch-byzantinischen oder serbischen Nationalstils. Das Museum wurde im Jahr 1958 und die neue Dauerausstellung „Der Punkt der Verbindung" 2013 eröffnet. Sie zeigt die chronologische Entwicklung

Tašmajdan-Park mit Markuskirche und Denkmal für den Patriarchen Pavle

des Postverkehrs und der Telekommunikation in Serbien.

Wir folgen der Majke Jevrosime bis zur verkehrsreichen Takovska und biegen links in die Arhiepiskopa Danila neben dem Hauptpostamt in Richtung **Markuskirche** ab. Sie wurde von den Brüdern Branko und Petar Krstić entworfen und im serbo-byzantinischen Stil nach dem Vorbild des Klostertempels Gračanica im Kosovo erbaut. Im Jahr 1939 erhielt das Äußere der Kirche sein heutiges Aussehen, während die Dekoration des Inneren bis heute nicht vollständig abgeschlossen ist. In diesem Gotteshaus ruht einer der größten Herrscher Serbiens, Zar Dušan. Seine sterblichen Überreste liegen in einem Sarkophag auf der rechten Seite hinter dem Eingang. Er wurde im Volksmund Dušan der Große genannt, unter seiner Führung wurde das mittelalterliche Serbien eine regionale Großmacht. Er ist im Mosaik über dem Sarkophag in der Mitte zu sehen, neben seiner Frau Jelena, seinem Sohn Uroš Nejaki (der Schwache) und dem Heiligen Joanikije. In der Kirche wurde auch eine Krypta errichtet, in der das Familiengrab der königlichen Familie Obrenović untergebracht ist und wo Aleksandar und seine

Frau Draga beigesetzt sind. Die Schatzkammer enthält eine reiche Sammlung von Ikonen aus dem 19. und 20. Jh. sowie weitere Kunstschätze.

Vor der Kirche steht ein 🏛 **Denkmal für den Patriarchen Pavle,** der im Volk schon zu Lebzeiten aufgrund seines Lebensstils als Heiliger galt. Er war bei den Bürgern wegen seiner Bescheidenheit äußerst beliebt, war oft auf der Straße anzutreffen und benützte für seine Wege die Straßenbahn. Dies ist wahrscheinlich auch der Grund, warum die Skulptur in einer schwebenden Sitzhaltung dargestellt wurde. Der Patriarch war berühmt für seine Spiritualität, seinen Witz und seine klugen und scharfen Kommentare.

Hinter der Markuskirche ist die orthodoxe russische **⭐ Kirche der Heiligen Dreifaltigkeit** zu sehen. Nach der Oktoberrevolution fanden zahlreiche Russen in Serbien ihre zweite Heimat und eine Zeitlang wurde Belgrad auch als „russische Hauptstadt außerhalb des Heimatlandes" bezeichnet. Angehörige der Weißen Armee legten den Grundstein der Kirche mit einem Stück russischer Erde. Ihr Anführer, Baron Pjotr Nikolajewitsch Wrangel, nahm an der Einweihung der Kir-

Kirche der Heiligen Dreifaltigkeit

che teil, die auch seine letzte Ruhestätte wurde. Die Kirche beherbergt auch den Teil des Schals von Zarewitsch Alexei Nikolajewitsch Romanow, der von seinen Schwestern liebevoll vor seiner Geburt gestrickt wurde. Übrigens, das Fotografieren dieses Relikts erfordert die Erlaubnis eines Priesters. Jeden 17. Juli, dem Tag der Ermordung der Zarenfamilie, wird hier ein Gottesdienst abgehalten, um die Romanows zu ehren.

Rund um die russische Kirche gibt es ein besonderes Teil aus dem Pannonischen Meer: Die Kirchenmauer besteht aus Tašmajdan-Stein. Unter den Blöcken, aus denen sie gebaut wurde, stammt einer vom Grund des Meeres, in dem sich eine uralte Muschel nachweisen lässt.

Der ungewöhnlichste Ort in Belgrad ist der hochgelegene **13 Tašmajdan-Park,** wo sich am Fuße das Miozän-Naturdenkmal befindet. Vor mehr als 13 Millionen Jahren waren hier die Kliffe des Pannonischen Meeres, weshalb auch heute noch fossile Überreste von Korallen und Muscheln gefunden werden. Unterhalb des Tašmajdan-Parks liegen Höhlen, die schon in der Römerzeit als Steinbrüche verwendet wurden. Die Türken gaben diesem Gebiet den Namen Tašmajdan (türk. *taş,* „Stein", und *maden,* „Mine"). Mit den dort gewonnenen Steinen wurde ein Großteil Belgrads erbaut und sie gaben der Stadt auch wegen ihrer weißen Farbe den Namen *(beo grad,* „weiße Stadt"). Unter anderem dienten die Höhlen auch als Unterschlupf: Im Ersten Weltkrieg flüchteten Frauen und Kinder während des österreichisch-ungarischen Bombenangriffs hierher, und im Zweiten Weltkrieg gab es einen unterirdischen Schutzraum für das Kommando des Wehrmachtsbefehlshabers Alexander Löhr und der Gestapo. Unter Löhrs Oberbefehl wurde Belgrad bombardiert.

Mit dem neuen Stadtplan von 1950 erhielt Belgrad mit dem Tašmajdan-Park eine weitere grüne Oase im Herzen der Stadt. Ein Jahrzehnt später wurde der „erste Stadtstrand auf Asphalt" gebaut, das 🏛 **Sportzentrum von Tašmajdan** mit einem Olympiaschwimmbecken. In den frühen 1970er-Jahren wurde der erste Stierkampf (Corrida) im 🏛 **Tašmajdan-Stadion** mit berühmten spanischen Toreros veranstaltet. Wie die Medien damals berichteten, jubelte die Menge vor allem den Bullen zu, um alle wissen zu lassen, dass die Zuschauer Tierfreunde sind. Heute beginnt hier im Dezember die Eislaufsaison.

Vor dem abschließenden Spaziergang durch den Tašmajdan-Park schlage ich vor, die 🏛 **Ruinen des Gebäudes des serbischen Rundfunks** (RTS) in der Aberdareva anzusehen: Es war der 23. April 1999, um 2.06 Uhr in der Früh, als während des NATO-Bombenangriffs eine Rakete das Fernsehgebäude traf. Die NATO erklärte die RTS als legitimes Ziel, da sie Teil der „Kriegsmaschinerie" von Präsident Slobodan Milošević gewesen wäre. Obwohl davon ausgegangen wird, dass die Behörden und die militärische Führung über diesen Angriff im Voraus informiert wurden, wurden keine Maßnahmen getroffen, um das Personal zu evakuieren. 16 Mitarbeiter des RTS kamen ums Leben. Zu Ehren der Opfer wurde am Eingang des Parks eine Gedenktafel mit der Inschrift „Warum?" und mit den Namen der Getöteten angebracht.

Bevor Sie den Park verlassen, gönnen Sie sich eine Erfrischung im bekannten Café ☕ **Poslednja šansa** (Tašmajdan-Park) oder ein Mittagessen im noblen Restaurant 🍴 **Madera** (Bulevar

Ruinen des Gebäudes des serbischen Rundfunks

kralja Aleksandra 43, Tel. +381 11 3231332, http://maderarestoran.com, tägl. 10–24 Uhr), in dessen Umgebung sich im Freien des Parks viele Skulpturen befinden. Laden Sie Ihre Mobiltelefone mit einem der ersten installierten Solarladegeräte an einem „Strawberry Tree" auf, der von einem Serben erfunden wurde. Kosten Sie Naturhonig aus den serbischen Bergen und Wiesen, falls Sie sich zur Zeit der alljährlich hier stattfindenden Imkermesse in Belgrad aufhalten.

Etappe 3: Unterwegs in Stadtteil Vračar

Wir setzen unsere Tour fort auf der lang verlaufenden Resavska. Von hier gelangen wir zur noblen Krunska, wo wir das 🏛 **Nikola-Tesla-Museum** (Krunska 51, Tel. +381 11 2433886, https://nikolateslamuseum.org, Di–So 9.45–20 Uhr) erreichen. Es befindet sich im Haus von Đorđe Genčić, einem Industriellen und Mitglied der königlichen Regierung. In dem 1927 von Dragiša Brašovan im Stil der Neorenaissance und Neoklassizismus entworfenen Gebäude, finden täglich interessante, 45 Minuten dauernde Führungen statt. Hierbei erfahren Sie einzigartige Geschichten über den genialen Physiker und Elektrotechniker Nikola Tesla und Sie können authentische Arbeitsmodelle von seinen Erfindungen bestaunen. Auch persönliche Gegenstände und Artefakte sind ausgestellt, ebenso wird im Museum die Urne mit der Asche Teslas aufbewahrt.

Zurück auf der Resavska gehen wir hinunter bis zur Kreuzung an der Ecke der Kralja Milana. Auf Nummer 21, im Palast Devanha, befindet sich im vierten Stock in einer Salonwohnung die 🏛 **Stiftung von Paja Jovanović** (Kralja Milana 21/4, Tel. +381 11 3340176, www.mgb.org.rs/posetite/muzej-paje-jovanovica, Fr 10–18, Sa 10–17, So 10–14 Uhr), eine der größten serbischen Maler und Vertreter des Realismus. Er wurde in Wien ausgebildet, wo er lebte und viele seiner Werke schuf. Anfang des 20. Jh.s, auf dem Höhepunkt seines Schaffens, beggnete der große Maler der Wienerin Hermine Muni Dauber, sie wird seine Muse und Gattin. Mit seiner Art des akademischen Realismus drückte Jovanović nationale Träume des serbischen Volkes aus, die für die Entstehung des serbischen Nationalbewusstseins von großer Bedeutung waren. Die Wohnung, in der sich die Stiftung befindet, wurde seinem Atelier in der Mariahilfer Straße in Wien nachempfunden. Hier sind private Bilder ausgestellt, meistens Akte oder mythologische Kompositionen seiner bildhübschen Frau Muni. Der Maler stellte die Schönheit als etwas Ewiges und Unveränderliches dar.

Auf der anderen Straßenseite ist das Belgrader Bürohochhaus 🏛 **Beogradanka** nicht zu übersehen, das diese Gegend seit 1974 überragt. Zwei legendäre Journalisten des Radiosenders Studio B, der im obersten Stockwerk untergebracht ist, sind in die Mediengeschichte eingegangen. Mit dem Programm „Belgrader Ansichtskarte" etablierte Đoko Vještica eine neue Form der Kommunikation durch direkte Einbeziehung von Stadtpolitikern und Direktoren von öffentlichen Unternehmen. Sein Motto dabei: Nicht aufhören, die Verantwortlichen in der Sendung anzurufen, bis das Kommunalproblem gelöst ist. Das Plateau vor dem Gebäude trägt seinen Namen. Ein weiterer Höhepunkt des Studio B war die Sendung „Belgrad, guten Morgen" mit der unvergesslichen Stimme und den Aphorismen von Duško Radović, den die Belgrader noch immer sehnsüchtig zitieren. Hier ein Ausspruch von ihm, der zu unserem Reiseführer passt: „Wer das Glück hatte, in Belgrad aufzuwachen, kann davon ausgehen, dass er für heute genug im Leben erreicht hat."

Von hier aus sehen Sie an der Ecke Masarikova und Resavska ein schönes Beispiel des Wiener Jugendstils, die 🏛 **ehem. Offiziersgenossenschaft**, die 1908 errichtet wurde. Das Gebäude des 🟊14 **ehem. Offiziersheims**

Ehemaliges Offiziersheim

auf der anderen Straßenseite wurde von König Aleksandar Obrenović der serbischen Armee gespendet und 1895 errichtet. Wahrscheinlich hat Jovan Ilkić das Gebäude unter dem Einfluss von Theophil von Hansen im Stil der Spätromanik und mit Elementen der Frührenaissance entworfen. Wegen des großen Saals wurde es als Veranstaltungsort für Bälle genutzt, 1968 an die Universität Belgrad übergeben und in ein 🏛 **Studentenkulturzentrum** (http://www.skc.org.rs) umgewandelt. Vor dem Bau leuchtet ein 🏛 **Belgrader Kandelaber** im Original.

Das 🏛 **ehem. Haus der Gesellschaft für die Verschönerung von Vračar** in der Njegoševa 1 wurde 1902 nach einem Projekt des Architekten Milan Antonović im Jugendstil erbaut. Besonders auffallend ist das Mosaik mit dem Baum, eine Darstellung aus der ersten Ausgabe der Zeitschrift *Ver Sacrum*, und die Balustrade mit zoomorphen Motiven und, schwer zu erkennen, der Jahreszahl der Fertigstellung. Der Platz mit einem kleineren Park in unmittelbarer Nähe heißt seit 1843 Cvetni Trg (Blumenplatz) und beherbergt den ältesten Baum der Hauptstadt. Die geschützte 🌳 **Stieleiche** ist 200 Jahren alt, 26 Meter hoch und hat einen Umfang von vier Metern. Die sitzende 🏛 **Skulptur** auf den Treppen stellt einen der bedeutendsten serbischen Intellektuellen des 20. Jh.s dar, den Schriftsteller **Borislav Pekić**.

Wenn Sie gerade Lust auf Fisch haben, können Sie hier im benachbarten Restaurant 🍴 **Polet** (Kralja Milana 31, Tel. +381 11 4068941, www.poletrestoran.rs, Mo–Do, So 8–24, Fr, Sa 8–1 Uhr) sehr gut essen.

Auf der anderen Straßenseite wenden Sie Ihren Blick auf den 🌳 **Manjež-Park** und das 🏛 **Jugoslawische Dramatheater** (Kralja Milana 50, Tel. +381 11 3061957, www.jdp.rs), die ehemalige Kaserne des Reitergeschwaders. Nach dem Ende des Ersten Weltkriegs, in dem das Nationaltheater beschädigt wurde, fand hier die erste Theateraufführung statt. Nach einem Brand im Jahr 1927 wurde das Gebäude nach Plänen von Nikolaj Krasnov rekonstruiert und 1947 in renoviertem Zustand in ein Theater für Schauspieler aus der Republik Jugoslawien umgestaltet. Fünfzig Jahre später, 1997, brannte das Gebäude zum zweiten Mal. Für die Rekonstruktion wurden die bisherigen architektonischen Merkmale verwendet, Krasnovs Fassadengestaltung wird hinter einer frontalen Glaswand präsentiert.

Bei einem Stopp in der 🍴 **SkyLounge Belgrade** (Kralja Milana 35, Tel. +381 11 7555759, Mo–Do, So 12–1, Fr, Sa 12–2 Uhr) des Hilton haben Sie einen sagenhaften Blick auf die Hauptstadt und können exzellente japanische Küche genießen.

Am Ende der Kralja Milana erreichen wir den verkehrsreichen Platz Slavija, der in den letzten Jahren einen in verschiedenen Farben leuchtenden 🏛 **Springbrunnen** erhalten hat. Das urbane Chaos dieser Gegend wird durch das am Brunnen abgespielte Lied „Billie Jean" untermalt. Bei der Neugestaltung des Platzes wurde eine 🏛 **Büste von Dimitrije Tucović**, dem Gründer der serbischen sozialdemokratischen Partei, hierher verlegt. Aber Belgrad wäre nicht Belgrad, wenn dazu nicht auch etwas Interessantes zu erzählen wäre. Dieser Platz ist bekannt für ein Ereignis aus den späten 1970er-Jahren, als ein mysteriöser Fahrer in einem weißen Porsche einige Tage hintereinander in den späten

Bronzeskulptur des bedeutenden Schriftstellers Borislav Pekić

Nachtstunden durch die Stadt raste. Er verkündete öffentlich „Ich komme!" und zog kurz darauf schwindelerregende Kreise auf dem Slavija-Platz. Eine große Anzahl von Bürgern ging auf die Straße, um ihm zu applaudieren, bis er auf eine Barrikade stieß. Beim Versuch, abrupt umzukehren, fuhr er in einen der Busse, und als die Polizei die Autotür öffnete, war niemand in dem Sportwagen. Vlada Vasiljević, das Belgrader Phantom, verschwand in der Menge.

Auf diesem Platz befindet sich auch die erste (1988) in Mittel- und Südosteuropa eröffnete McDonald's-Filiale in einem kleinen, reizenden Einfamilienhaus aus 1893. Dieses Gebiet um den Slavija-Platz wurde einst „Engländer" genannt, obwohl sich der Name auf den Schotten Francis Harford Mackenzie of Gairloch bezieht. Im Jahr 1879 kaufte Mackenzie dort ein großes Anwesen und teilte das gesamte Grundstück auf. Die Größe des Besitzes von Mackenzie wurde erst nach seinem Tod ersichtlich, als der Zustrom von Bewohnern in diesem Bezirk zunahm und der Wert der Häuser anstieg. Chronisten berichten auch über die Großzügigkeit Mackenzies und seine Wohltätigkeitsarbeit. Eine Straße mit seinem Namen erinnert an diesen Humanisten.

Wir gehen vorbei am Gebäude des heutigen Hotels Slavija und dann weiter entlang der Svetog Save in Richtung der gleichnamigen Kirche.

Nach dem Überqueren der Straße treffen wir auf das **15 Denkmal für den heiligen Sava,** auf dessen Sockel die Worte stehen: „Erlange alles mit eigenen Bemühungen." Der heilige Sava, gebo-

ren als Rastko Nemanjić um 1175, war ein Adeliger, Mönch und der erste Erzbischof der autokephalen serbisch-orthodoxen Kirche. Er gilt als eine der bedeutendsten Persönlichkeiten der serbischen Geschichte und als Gründer der serbischen Kirche, die ihn als Heiligen verehrt. Eines der schwerwiegendsten Ereignisse in der Geschichte Serbiens ist das Verbrennen der sterblichen Überreste des Sava am 27. April 1594 (nach dem alten Julianischen Kalender). Der türkische Feldherr Sinan Pascha beschloss, die Aufstände der Serben mit brutaler Gewalt zu unterdrücken. Dabei begingen die Türken schreckliche Gräueltaten, brannten das Mileševa-Kloster im Südwesten Serbiens nieder und brachten von dort die Gebeine des Sava nach Belgrad, wo sie verbrannt wurden. Mit dieser Tat wurde aber der Mythos um den heiligen Sava bei den Menschen noch mehr entfacht.

An dieser Stelle existierte eine kleinere Kapelle, die im Jahr 1935 abgerissen wurde. Ein Teil von ihr wurde verwendet, um die jetzt bestehende **16 Heilige-Sava-Kirche** nach dem Projekt des russischen Auswanderers Viktor Lukomski zu bauen. Der **17 Tempel des heiligen Sava** befindet sich auf dem höchsten Plateau der Stadt (Svetosavski Plateau) und ist mit seinen Maßen und seiner Höhe von 79 Metern das größte orthodoxe Bauwerk auf dem Balkan. Die Grundsteinlegung fand am 10. Mai 1939 statt, die endgültige architektonische Lösung im neobyzantinischen Stil wurde Bogdan Nestorović und Aleksandar Deroko anvertraut. Mit der Bombardierung von Belgrad im Jahr 1941 wurden die Bauarbeiten unterbrochen und die Mauern des Tempels in ein Autodepot der Nazis verwandelt. Nach dem Ende des Krieges, versuchte die serbisch-orthodoxe Kirche immer wieder bei der neuen Regierung die Erlaubnis zu bekommen weiterzubauen. Im Jahr 1985 übernahm der Architekt Branko Pešić die Aufgabe, den Tempel fertigzustellen. Die Bauarbeiten wurden bis 1991 fortgesetzt, als es zum Zerfall Jugoslawiens kam und für die nächsten zehn Jahre erneut die Arbeiten unterbrochen wurden. Das größte Unterfangen bestand darin, die 4000 Tonnen schwere zentrale Kuppel auf eine Höhe von vierzig Metern anzuheben. In der Hauptkuppel befindet sich ein riesiges Mosaik, das die Himmelfahrt Jesu Christi darstellt. Es wurde im Atelier des russischen Ikonenmalers Nikolaj Muhin realisiert und ist im Bereich der Mosaikdekoration eines der größten Projekte auf der Welt. Bisher wurde in dem Tempel

← **Karađorđe-Denkmal vor dem Tempel**

Nationalbibliothek auf dem Plateau

nur die Krypta fertiggestellt und vollständig dekoriert. An ihren Wänden sind Szenen aus der nationalen Geschichte, an der Decke biblische Motive zu sehen. Derzeit finden im Tempel nach wie vor Innenarbeiten statt, sodass nur die Krypta zugänglich ist. Besonderes Augenmerk wurde auf die Außenbeleuchtung des Doms gelegt, die bei Dunkelheit einen imposanten Eindruck des Bauwerks erzeugt. Die Fertigstellung des Tempels ist für Herbst 2020 geplant, die gesamte Kuppel im Durchmesser von 30,16 Meter sollte bis dahin vollständig mit Mosaik verkleidet sein. Der zentrale Eingang wird, wie es die orthodoxe Tradition vorsieht, auf der Westseite sein.

Auf dem Plateau befindet sich auch die 1972 errichtete **Nationalbibliothek.** Die umgebende Grünfläche wird seit 1974 vom **Karađorđe-Denkmal** beherrscht.

Im **Karađorđe-Park** gegenüber der Nationalbibliothek befindet sich der Soldatenfriedhof. Der Park beherbergt auch mehrere Denkmäler. Das älteste öffentliche Denkmal Belgrads in Form eines Kreuzes wurde hier 1848 von Fürst Aleksandar Karađorđević zum Gedenken an die Befreier von Belgrad im Ersten Serbischen Aufstand errichtet. Etwa in der Mitte des Parks steht das Denkmal der Männer der dritten Einberufung, es erinnert an die älteren Männer, die im Ersten Weltkrieg rekrutiert wurden.

Wir beenden unsere Tour hier im Stadtteil von Vračar. Beim Tempel des heiligen Sava endet die markanteste Linie der zentralen Zone von Belgrad, das berühmte Belgrader Riff.

Blick zur Donau

Die Vielfalt Belgrads

Für einen längeren Aufenthalt als ein Wochenende in Belgrad bieten sich kleinere Stadtausflüge außerhalb unserer City-Walks-Touren an. Einige sind im Zentrum der Stadt auch zu Fuß zu erreichen, andere mit dem Bus oder dem Taxi. Falls Sie Zeit finden, den Stadtteil Zemun (Semlin) zu besichtigen, so werden Sie feststellen, dass es eine „Stadt in der Stadt" ist, mit charakteristischen Korridorstraßen, Silhouetten von Kirchen und Märkten, wo noch der Einfluss der Monarchie zu spüren ist.

Der Botanische Garten, benannt nach Jevrem Obrenović

★ **Der Botanische Garten Jevremovac** (Takovska 43, https://jevremovac.bio.bg.ac.rs, tägl. 9–17 Uhr) befindet sich im Stadtteil Palilula. Nach der Überflutung des ersten Botanischen Gartens in Dorćol in der Nähe der Donau wurde das Areal von Jevrem Obrenović (siehe Seite 86) dem Botanischen Garten gewidmet. Die Entwicklung der Pflanzenwissenschaften in Serbien ist mit dem Namen Josif Pančić verbunden, auf seinen Vorschlag hin wurde 1874 der Botanische Garten gegründet. Die Erstbeschreibung der Serbischen Fichte stammt von ihm, sie wird daher „Pančić-Fichte" genannt und ist im Garten zu sehen. Innerhalb des Gartens können Sie zwei Pflanzen, die nur auf der Balkanhalbinsel wachsen, bewundern: Ramonda serbica, eine Blume, die Josif Pančić entdeckt hat und die Fähigkeit hat, bei Wassermangel den Stoffwechsel einzuschränken bzw. einzutrocknen und zu allen Vegetationsprozessen zurückzukehren, sobald geeignete Bedingungen vorherrschen. Die zweite ist Ramonda nathaliae, das offizielle Symbol des Waffenstillstands des Ersten Weltkriegs.

★ **Der jüdisch-sephardische Friedhof** (Sommer 8–19, Winter 8–17 Uhr, Sa geschlossen) befindet sich in der Ruzveltova, Sie erreichen ihn mit der Buslinie 27 von der Station am Trg Republike. 1888 errichtet, wird er bis heute genutzt und von der Chewra Kadischa (Heiligen Bruderschaft) betreut. Das erste Denkmal wurde 1927 von Samuel Sumbul für auf dem Balkan und im Ersten Weltkrieg gefallene Patrioten errichtet. Wenn Sie den

Weg hinuntergehen, werden Sie auf ein gemeinsames Grab von zwölf Rabbinern und einem Schames (Diener) stoßen. Gegenüber dem Grab der Rabbiner ist die Genisa (das Grab für alte Bücher), mit einer Reliefrolle der Torah zu sehen. Ganz rechts befindet sich das Denkmal in Erinnerung an den „Kladovo Transport", das 1964 von der Wiener Israelitischen Kultusgemeinde für die im Jahr 1941 im Dorf Zasavica ermordeten österreichischen Juden errichtet wurde. Noch ein monumentales Denkmal wurde am Ende der Allee für die jüdischen Opfer des Faschismus vom surrealistischen Architekten Bogdan Bogdanović gebaut, der von 1993 an im Wiener Exil lebte.

Gegenüber dem sephardischen Friedhof befindet sich der 🏛 **Aschkenasische Friedhof,** der geschlossen ist.

Angrenzend an den stillgelegten jüdischen Friedhof wurde ab 1886 der 🏛 **Neue Friedhof** (Sommer 7–19, Winter 7–18 Uhr) in Belgrad angelegt. Am Ende dieses äußerst gepflegten Friedhofs befindet sich die 🏛 **Österreich-Ungarische Militärruhestätte aus dem Ersten Weltkrieg** mit einer Kapelle.

Die ★ **Kneza Miloša** wurde in der Mitte des 19. Jahrhunderts erbaut, an beiden Seiten von Botschaften, repräsentativen Villen und öffentlichen Gebäuden flankiert. In keiner Straße des sozialistischen Jugoslawien fanden mehr offizielle Abreise- und Ankunftszeremonien des ehemaligen Präsidenten Tito statt als auf der Kneza Miloša.

Es ist auch jene Straße, die zum 🏛 **Museum der Geschichte Jugoslawiens** (Mi-

Der jüdisch-sephardische Friedhof

haila Mike Jankovića 6, Tel. +381 11 3671485, www.muzej-jugoslavije.org, Di–So 10–18 Uhr) führt, das mit der Oberleitungsbuslinie 41 von der Station am Trg Republike erreichbar ist. Das Museum besteht aus drei Teilen: das Gebäude „25. Mai" war das Geburtstagsgeschenk der Stadt Belgrad an Tito, das ursprünglich für die Unterbringung und öffentliche Präsentation seiner vielen Geschenke und Stafetten bestimmt war. Der größte Teil dieser Geschenke befindet sich heute im sogenannten „Alten Museum". Das „Blumenhaus" ist das dritte Gebäude, das 1975 als Wintergarten errichtet wurde und heute als Mausoleum dient, in dem Josip Broz Tito und seine Frau Jovanka Broz begraben sind. Führungen werden jedes Wochenende ab 11 Uhr in englischer Sprache angeboten.

In der Nähe eignet sich perfekt das Restaurant ¶¶ **Hyde Park** (Bulevar kneza Aleksandra Karađorđevića 6, Tel. +381 66 6464777, Mo–Do, So 9–1, Fr, Sa 9–2 Uhr) für ein Mittagessen nach dem Museumsbesuch.

Petar Lubarda ist einer der bedeutendsten Künstler Serbiens. Mit seinem Schaffen prägte er die Malerei in Serbien in der zweiten Hälfte des 20. Jahrhunderts. Die ★ **Villa Petar Lubarda** (Iličićeva 1, Tel. +381 11 7700299, www.kucalegata.org/legati/petarlubarda.

html, Di–So 10–17 Uhr), in der Lubarda mit seiner Frau Vera einzog, wurde 1927 in den ehemaligen Weinbergen als Sommerresidenz für eine Belgrader Familie errichtet. Das erste Mal wurde das Vermächtnis mit Lubardas Werken in dieser Residenz 1974 eröffnet und erneut im Jahr 2014. Es besteht aus Gemälden, Zeichnungen, Möbeln, Archiv- und Manuskriptmaterial, einem Teil der Bibliothek und persönlichen Objekten des Künstlers.

Das ★ **Museum der afrikanischen Kunst** (Andre Nikolića 14, Tel. +381 11 2651654, www.mau.rs/en, tägl. 10–18 Uhr) ist das erste und einzige Museum in der Region, das ausschließlich den Kulturen und Künsten des afrikanischen Kontinents gewidmet ist. Diese Institution hat durch ihr jahrzehntelanges Bestehen einen wesentlichen Beitrag zur Förderung der Prinzipien der kulturellen Vielfalt geleistet.

In der Umgebung von prachtvollen Villen können Sie sich eine Pause im exklusiven ☕ **Sheher Park Café** (Andre Nikolića 1–3, Tel. +381 11 2651565, www.sheher.rs, Mo–Fr 8–1, Sa, So 9–1 Uhr) gönnen.

★ **Topčider** ist ein Stadtteil und Park in Belgrad, der seit dem 19. Jahrhundert als urbane Oase mit großen Grünflächen, zahlreichen Villen und Sommerresidenzen angelegt wurde. Der Name Topčider ist türkischer Herkunft (*top*, „Kanone", und *dere*, „Bach") und bezeichnet das Kanonental aus der Zeit, als sich hier Lager befanden, in denen die Türken während des Angriffs auf Belgrad Kanonen gossen.

Die 🏛 **Residenz des Fürsten Miloš** (serb. Konak) wurde 1831 errichtet. Heute ist dort die ständige Ausstellung des 🏛 **Museums für die Geschichte Serbiens** (Bulevar Patrijarha Pavla 2, Tel. +381 11 2660422, http://imus.org.rs/konak-kneza-milosa-2, Di–So im Sommer 10–20, im Winter 11–16 Uhr) zu sehen, die dem Schöpfer des modernen serbischen Staates, Fürst Miloš Obrenović, gewidmet ist. Das ganze Areal eignet sich ideal für einen entspannten Spaziergang und auch für ein Foto unter den berühmten 🍎 **Topčider-Platanen**, die aus Wien hierher gebracht wurden. Mit Sicherheit der beeindruckendste und mit einer Kronenlänge von fünfzig Metern einer der größten in Europa befindet sich vor dem Konak. Vor dem Baum befindet sich eine Steinstufe – *binjektaš* –, mit dessen Hilfe Fürst Miloš auf sein Pferd steigen konnte. Das ehemalige Wirtschaftsgebäude in der Nähe beherbergt das Restaurant 🍴 **Milošev Konak** (Topčiderska 1, Tel. +381 11 2663146, https://restoranmilosevkonak.rs, tägl. 8–1 Uhr) mit ausgezeichneter nationaler Küche und Grillgerichten.

Der ★ **Hofkomplex** (Pivljanina Baje bb, https://royalfamily.org/the-royal-palace/) im Belgrader Stadtteil Dedinje wurde von 1924 bis 1929 für die Karađorđević-Dynastie gebaut. Führungen über die Tourismusorganisation oder in Absprache mit dem Kö-

Die Residenz des Fürsten Miloš

Der Königspalast im Hofkomplex

nigspalast werden in englischer Sprache von April bis Oktober angeboten (Tel. +381 11 2635622, E-Mail: bginfo.knez mihailova@tob.rs, kancelarija @dvor.rs). Innerhalb der angelegten Gärten und Parks auf 134 Hektar befinden sich der Königspalast, der Weiße Palast sowie die Hofkapelle. Der 🏛 **Königspalast** wurde aus weißem Stein im serbisch-byzantinischen Stil gebaut. Vom Palast aus eröffnet sich eine herrliche Aussicht auf die Umgebung. Kostbare Gemälde, Truhen und Objekte aus der königlichen Sammlung vermitteln im gesamten Haus einen herrschaftlichen Eindruck. Der Hofkeller fasziniert mit einer Fülle an Farben und ist beeinflusst von russischer Tradition und Märchen. Er ist ein Werk von Nikolaj Krasnov, der seine Heimat Russland damit gewürdigt hat.

Über eine Kolonnade erfolgt der Zugang zur 🏛 **Hofkapelle.** Auf Wunsch des Königs begannen die Vorbereitungen für den Bau eines nahegelegenen Gebäudes als Residenz für seine Söhne Petar (der spätere König Petar II.), Tomislav und Andrej. Dieser neue Wohnsitz, der 🏛 **Weiße Palast,** wurde 1937 erbaut und ist von der Einfachheit des Neoklassizismus durchdrungen. Nach dem Zweiten Weltkrieg wurde der Weiße Palast die offizielle Residenz von Präsident Tito und auch für einige Zeit Amtssitz von Slobodan Milošević. Erst nach den politischen Veränderungen im Oktober 2000 zieht Aleksandar II. von Jugoslawien mit seiner Familie in den Hofkomplex, in dem er heute lebt und den er für Besucher zugänglich gemacht hat. Im Jahr 1991 betrat der damals 46-jährige Thronfolger, begleitet von seiner Frau und seinen drei Söhnen, zum ersten Mal den Boden seiner Heimat. Er wurde im Jahr 1945 im Hotel Claridges in London geboren, das Winston Churchill zum Territorium des Königreichs Jugoslawien erklärt hatte. Königin Elisabeth II. und ihr Vater George VI. sind Taufpaten des Prinzen. Die Freundschaft zwischen den beiden königlichen Familien besteht bis heute.

Die ★ **Ada Ciganlija** (kurz Ada, www.adaciganlija.rs/en) oder das Meer der Belgrader ist eine Flussinsel, die künstlich in eine Halbinsel verwandelt wurde und sich am südlichen Ufer der Save befindet. Tatsächlich sehen Sie hier an heißen Sommertagen, wie am Meer, Massen von Menschen auf dem Kieselstrand liegen oder im Wasser plantschen.

Neben Grünflächen, Sportanlagen und verschiedenen Attraktionen verfügt die Ada vor allem über einen kilometerlangen Strand am Save-See mit einem ungewöhnlichen und schönen Blick auf das Zentrum von Belgrad und die Ada-Brücke. Der nördliche Rand der Insel mit seiner ruhigen grünen Umgebung ist gesäumt von Häusern entlang des Wasserwegs. Es gibt einen Radweg, der sich vom Sportzentrum Milan Gale Muškatirović (siehe Seite 93) bis zur Ada Ciganlija erstreckt. Im Sommer erreichen Sie die Ada vom Stadtzentrum mit der Buslinie 5.

Nicht weit von der Ada entfernt, befindet sich das 🏛 **Hippodrom Belgrad** (www.hipodrombeograd.rs). Im Jahr 1921 fanden das erste Galopp-Derby und das erste Rennen der Stadt Belgrad statt, das

Ada Ciganlija, das Meer der Belgrader

seither eine Tradition geworden ist und auch Gelegenheit bietet, glamouröse Damenhüte zu bewundern.

Novi Beograd und Zemun

Wenn man vom Zentrum über die Branko-Brücke in Richtung des Stadtteils Novi Beograd fährt (mit der Buslinie 15 von der Station Zeleni venac), sieht man inmitten der Baumkronen auf der linken Seite den heruntergekommenen Zentralturm des ehemaligen Belgrader Messegeländes hervorragen.

Das erste ★ **Belgrader Messegelände** wurde 1937 nach einem Projekt von drei Stadtarchitekten als repräsentatives Beispiel für moderne Architektur errichtet. Nach dem Ausbruch des Zweiten Weltkriegs wurde es zu einem Ort schrecklichen Leidens und des Todes auf dem Gebiet des damaligen unabhängigen Staates Kroatien, den kroatischen Vasallenstaat der Achsenmächte während des Zweiten Weltkriegs. Hier hat die Gestapo das Konzentrationslager Sajmište („Judenlager Semlin") errichtet (siehe Seite 40).

Nach der Branko-Brücke rechts, auf der Seite von Novi Beograd, das nach dem Zweiten Weltkrieg aufgebaut wurde und meist aus großen Wohngebäuden besteht, führt der Nikola-Tesla-Boulevard in Richtung Zemun. Auf der linken Seite des Boulevards befinden sich das **Einkaufszentrum Ušće** (Bulevar Mihajla Pupina 4, www.usceshoppingcenter.com, tägl. 10–22 Uhr), eines der größten in der Region, sowie das Ušće Business Center (Bulevar Mihajla Pupina 6), das mit seiner Höhe von 141 Metern das höchste Gebäude in Serbien ist. Es wurde 1964 erbaut und beherbergte den Sitz des Zentralkomitees der Union der Kommunisten Jugoslawiens. Es wurde während der NATO-Aggression 1999 bombardiert und 2005 wiederaufgebaut.

Auf der rechten Seite des Boulevards, gegenüber der Belgrader Festung, befindet sich das **Museum für zeitgenössische Kunst** (Ušće 10, Tel. +381 11 3115713, https://eng.msub.org.rs, So–Mi 10–18, Do–Sa 10–22 Uhr). Es ist eines der interessantesten Beispiele für Museumsarchitektur weltweit. Das Museum ist von einem Park umgeben, in dem Skulpturen der wichtigsten jugoslawischen Bildhauer des 20. Jahrhunderts ausgestellt sind. Bewahrt und gezeigt wird jugoslawische und serbische Kunst von 1900 bis heute.

Links des Nikola-Tesla-Boulevards ist die Rückseite des monumentalen **Serbischen Palasts** zu sehen. Ein Stück weiter, auf der rechten Seite des Boulevards, wurde das Hotel Jugoslavija errichtet und 1969 eröffnet. Es war das größte und modernste Hotel des ehemaligen Jugoslawien.

Am Donauufer können Sie in zahlreiche Restaurants, sogenannte *splavovi*, „Flöße", gut essen, wie etwa im gemütlichen ¶ **Amphora** (Bulevar Nikole Tesle bb, Tel. +381 63 370157, http://restoranamphora.co.rs, tägl. 10–24 Uhr), oder am Fluss chillen und die weißen Schwäne füttern. Wenn man an der Donau weitergeht, sieht man auf einem kleinen Hügel fünf Säulen, die einst ein Vordach des ersten, später niedergerissenen Bahnhofsgebäudes in Zemun trugen. Ungefähr einen Kilometer von dort entfernt befindet sich am Kej oslobođenja eine Pontonbrücke, die zum „Lido" führt, einem Sandstrand an der Nordspitze der Großen Kriegsinsel (siehe Seite 21). Von hier aus riecht die Donau unwiderstehlich nach Schlamm, Algen und Fisch. Wer darin schwimmen gelernt hat, hat großen Respekt vor seiner Frische, seinen Stromschwellen, Strudeln und Sandlöchern.

Der ★ **Zemun-Kai** ist ein Ort, an dem man spazieren gehend die Donau und die faszinierende Natur genießen kann. Er beherbergt das 1908 im postsezessionistischen Stil erbaute 🏛 **Stara kapetanija**, ein ehemaliges Hafengebäude für Dampfschiffe. Heute befindet sich hier eine 🏛 **Kunstgalerie** (Kej oslobođenja 8, Tel. +381 11 2612023, tägl. 11–13, 15–19 Uhr). Entlang des Kais reihen sich Restaurants mit wunderschönem Blick auf die Donau aneinander, eines davon heißt ¶ **Stara kapetanija** (Kej oslobođenja 8, Tel. +381 11 3161965, www.starakapetanija.com, tägl. 8–1 Uhr) und bietet Fisch und traditionelle Fleischgerichte. Für Liebhaber echter Fischbrühe ist das traditionelle Restaurant ¶ **Šaran** (Kej oslobođenja 53, Tel. +381 69 2618235, www.saran.co.rs, Di–Sa 12–0.30, So 12–24 Uhr) zu empfehlen. Dort spielen jeden Abend Musikbands schöne, alte serbische Lieder. Im Restaurant ¶ **Reka** (Kej oslobođenja 73, Tel. +381 11 2611625, http://reka.co.rs, tägl. 12–2 Uhr) können Sie exzellente Gerichte genießen und am Abend Livemusik mit Balkantemperament erleben.

Auf dem Weg zur berühmten ★ **Gardoš-Höhe** in Zemun stoßen wir in der Njegoševa 43 auf den von der Weite sichtbaren Glockenturm der barocken orthodoxen 🏛 **Nikolajevska Kirche** aus dem Jahr 1752, mit einer prächtigen Ikonostase. Schließlich gehen wir nach Gardoš hinauf, das sich auf dem gleichnamigen Hügel befindet. Was es erkennbar macht, ist der beindruckende 36 Meter hohe 🏛 **Millennium-Turm** (www.kulanagardosu.com/sr/obilazak_kule, tägl. 10–19 Uhr), der 1896 an der Stelle der Ruinen der römischen Festung Taurunum zum Gedenken an die tausendjährige ungarische Präsenz in Pannonien

Berg Avala mit dem Denkmal für die im Ersten Weltkrieg getöteten Soldaten

gebaut wurde. Der Turm trägt auch den serbischen Namen Janko Sibinjanin, des ungarischen Adeligen János Hunyadi, der in der Burg von Gardoš wohnte und von dort aus die Verteidigung Belgrads gegen die Türken leitete (siehe Seite 22). Heute ist der Turm eine Kultureinrichtung; sechzig gewundene, schmale Stufen führen zu einem Aussichtspunkt mit traumhaftem Ausblick auf die Flüsse, auf Zemun, Belgrad und seine Umgebung.

Gegenüber befindet sich der aus dem 18. Jahrhundert stammende 🏛 **Zemun-Friedhof** (Sommer 7–19, Winter 7–18 Uhr), der bis heute in Betrieb ist und ein spezifisches Denkmal der Multikonfessionalität mit serbisch-orthodoxen, katholischen und jüdischen Gräbern darstellt. Am Jüdischen Friedhof sind Theodor Herzls Großeltern väterlicherseits begraben, die in Zemun wohnten.

Wenn Sie von Gardoš über die Treppen zum Zemun-Kai hinuntergehen, können Sie in der Stille und umgeben von der wilden Pflanzenwelt noch einmal den Blick auf die Dächer und idyllischen Häuser dieses einzigartigen Stadtteils von Belgrad werfen und alle Eindrücke Ihrer Reise durch die Hauptstadt Serbiens Revue passieren lassen.

Der ★ **Berg Avala** befindet sich etwa 16 Kilometer südlich vom Stadtzentrum Belgrads (https://avalainfo.com/turizam). Die Tourismusorganisation bietet an regenfreien Tagen am Wochenende einen offenen Bus vom Trg Nikole Pašića bis zum Berg Avala für etwa fünf Euro an. Bis 1934 befanden sich die Mauern der

mittelalterlichen Stadt Žrnov auf der Spitze, gut erhaltene Überreste der Stadt wurden gesprengt, um ein 🏛 **Denkmal für die im Ersten Weltkrieg getöteten Soldaten** zu errichten. Der Bau begann im Jahr 1934, der Grundstein wurde von König Aleksandar I. Karadordević gelegt, der den Bau Ivan Meštrović anvertraute. Das Mausoleum besteht aus schwarzem Granit in Form einer Pyramide, auf dessen Dach acht Karyatiden, entsprechend der Völker und Nationalitäten Jugoslawiens zu sehen sind. In der Nähe des Denkmals wurde das Gebäude des 🏛 **Hotels Avala** (Ulica Avalski put, Tel. +381 11 3906624) 1931 nach dem Entwurf des russischen Architekten Viktor Lukomski errichtet. Das Hotel ist eine gelungene Mischung aus Modernismus und traditionellen serbisch-byzantinischen Baumotiven. Wenn Sie Grillgerichte essen möchten, können Sie das in einer jagdschlossähnlichen Atmosphäre im Restaurant oder auf der geräumigen Terrasse des Hotels tun.

Eines der Wahrzeichen von Belgrad ist der 1964 fertiggestellte ★ **Fernsehturm** (https://avalskitoranj.rs, Sommer 9–20, Winter 9–16 Uhr). Er wurde am 29. April 1999 bei einem NATO-Bombenangriff zerstört und zehn Jahre später wiederaufgebaut. Der neu gebaute Turm ist 204,68 Meter hoch, hat ein Restaurant und eine Aussichtsplattform, von der aus man bei gutem Wetter ganz Belgrad, einen großen Teil von Srem und dem Banat und im Süden die unendlichen Wälder der grünen Šumadija sehen kann.

Informationen und nützliche Adressen

Bevölkerung: Knapp 1,7 Millionen ständige Einwohner leben auf dem gesamten Stadtgebiet Belgrads (Stand 2016). Ungefähr 85 Prozent der Bevölkerung sind Serben, der Rest verteilt sich hauptsächlich auf Montenegriner, Roma und Kroaten.

Religionszugehörigkeit: Fast neunzig Prozent der Bevölkerung sind serbisch-orthodox, ein geringer Anteil bekennt sich zum Islam, zum römisch-katholischen Glauben und zum Judentum.

Lage und Geografie: Belgrad befindet sich an der Mündung der Save in die Donau auf einer Durchschnittshöhe von 132 Metern über dem Meeresspiegel (Messung bezieht sich auf die Wetterwarte). Die Stadt gliedert sich in zehn Stadt- und sieben Vorstadtgemeinden: Čukarica, Voždovac, Vračar, Novi Beograd, Palilula, Rakovica, Savski venac, Stari grad, Zemun, Zvezdara, Barajevo, Grocka, Lazarevac, Obrenovac, Mladenovac, Sopot und Surčin. Die Kernstadt hat eine Fläche von 359,96 km², die umgebenden Vorstadtgebiete 2862,72 km².

Die Umgebung Belgrads wird von zwei verschiedenen Landschaftsbildern geprägt: der Pannonischen Tiefebene mit Getreide- und Maisfeldern nördlich und der Šumadija mit Obst- und Weingärten südlich von Save und Donau.

Klima: In Belgrad herrscht ein gemäßigtes kontinental geprägtes Klima mit vier Jahreszeiten. Charakteristisch ist der angenehme Altweibersommer, wenn die warmen Sommertage bis in den Oktober andauern, und die Košava, ein Nordostwind, der klares, kaltes und trockenes Wetter mit sich bringt. Er weht am stärksten im Winter jeweils zwei bis drei Tage lang und reinigt die Luft Belgrads von Feinstaub. Die Durchschnittsgeschwindigkeit der Košava beträgt 25–43 km/h.

ANREISE

Grenze/Zoll: Staatsbürger aus Österreich, Deutschland und der Schweiz benötigen für die Einreise in die Republik Serbien für einen Aufenthalt von bis zu neunzig Tagen kein Visum. Neben Gepäck und Medikamenten für den persönlichen Gebrauch dürfen nach Serbien 200 Zigaretten, Parfüm oder ein Liter Alkohol frei eingeführt werden. Ein Verbot gilt ausnahmslos für Waffen und Munition, illegale Drogen, Gifte und Schadstoffe sowie für Markenpiraterie, Plagiate. Die Einfuhr von Geld ins Land ist uneingeschränkt möglich, aber alle Reisenden sind gemäß dem Gesetz zur Bekämpfung von Geldwäsche und Terrorismusfinanzierung verpflichtet, jede Summe, die 10.000 Euro überschreitet, bei der Ein- und Ausreise zu melden.

Auto: Die wichtigste und mit rund 600 km längste Autobahnverbindung in Serbien ist die Nord-Süd-Verbindung A1 von der ungarischen Grenze bei Horgoš über Novi Sad und die serbische Hauptstadt Belgrad zur mazedonischen Grenze bei Preševo (auch als E 75 bezeichnet). Die Autobahn ist bis auf die Durchfahrt durch Belgrad mautpflichtig (www.putevi-srbije.rs). Auf Autobahnen gilt das Tempolimit 130 km/h, auf Landstraßen 100 und innerhalb der Ortschaften 50 km/h. Eine Fahrzeugbeleuchtung am Tag ist ganzjährig für alle Fahrzeuge vorgeschrieben. Die Promillegrenze liegt bei 0,2.

Bahn: Von Wien Hauptbahnhof fahren Nightjet EN-Züge zum Bahnhof Beograd Centar, auch Prokop genannt. Der Zug EN 415 verkehrt bis Zagreb Glavni kolodvor, von dort fährt der D 415 bis Šid weiter und schließlich folgt die letzte Etappe mit dem Zug 415 bis Beograd Centar. Die Fahrzeit beträgt 20 Stunden und 15 Min. (https://fahrplan.oebb.at).

Bus: Zwischen Wien und Belgrad verkehren mehrmals täglich Busse und Minibusse verschiedener Anbieter: www.fudeks.rs, www.terratravel.rs, www.lukictours.rs, www.joca-prevoz.com, www.pexonteam.rs, www.vitosprint-prevoz.com, www.vib-wien.at Die Fahrt dauert zwischen 6 und 9 Stunden und kostet ab € 25,– (eine Richtung). Die Minibusse fahren oft von Haus zu Haus.

Flug: Mehrmals am Tag fliegen die Fluggesellschaften Air Serbia (www.airserbia.com) und Austrian Airlines (www.austrian.com) direkt von Wien nach Belgrad. Vom Flughafen gelangt man mit der Buslinie A1 in etwa 30 Min. bis zum Slavija-Platz im Stadtzentrum Belgrads, die Ticketpreise betragen RSD 300,– (ca. € 2,70). Mit dem öffentlichen Bus Nr. 72 fährt man vom Flughafen bis zur Busstation Zeleni venac in etwa 45 Min., das Ticket kostet RSD 150,– (ca. € 1,30). Allerdings fährt der Bus Nr. 72 oft unregelmäßig (www.busevi.com). Die Taxifahrt kostet umgerechnet um die € 15,–.
Belgrad Flughafen „Nikola Tesla", https://beg.aero/eng, Tel. +381 11 2094444.

Schiff: Die DDSG Blue Danube bietet Flusskreuzfahrten und mehrtägige Ausflugsschifffahrten auf den schönsten Abschnitten der Donau zwischen Wien und dem Schwarzen Meer. Belgrad ist eine der Stationen (www.ddsg-blue-danube.at).

Rad: Die Radkreuzfahrt Passau–Budapest–Belgrad–Wien mit der MS Primadonna inklusive Routenbeschreibung mit Radkarten und Bustransfer Belgrad–Novi Sad wird von den Donaureisen organisiert (www.donaureisen.at).

UNTERWEGS IN BELGRAD

Vom Bahnhof ins Zentrum: Die Buslinie 36 bietet eine Fahrt vom Bahnhof Station Beograd Centar bis zum Slavija-Platz und zurück. Vom Slavija-Platz erreichen Sie mit anderen Autobussen, Minibussen, Straßenbahnen oder Oberleitungsbussen die meisten Stadtteile.

Öffentliche Verkehrsmittel:
Alle Linien verkehren zwischen 4 und 24 Uhr. BusPlus (www2.busplus.rs), Einzel- oder Tageskarten kauft man am besten am Kiosk. Einfache Tickets gibt es um RSD 89,– (ca. € 0,75), die Tageskarte kostet RSD 250,– (ca. € 2,10), eine Dreitageskarte RSD 700,– (ca. € 6,–) und das Fünftagesticket RSD 1000,– (ca. € 8,50). Routen und Fahrpläne siehe unter: www.busevi.com; in Belgrad gibt es keine U-Bahn.

Taxi: Taxis in Belgrad sind leistbar, der Preis pro Kilometer beträgt ca. € 0,50. Für eine komplette Liste der Taxiunternehmer siehe http://www.beograd.rs/lat/zivot-u-beogradu/1688-taksi/ Hier einige Empfehlungen: CAR:GO, die App kann man unter https://appcargo.com herunterladen; Pink Taxi +381 19803, +381 65 4889977; Lux Taxi +381 19944, +381 65 3033123; Radio Beo Taxi +381 19999, Viber oder WhatsApp: +381 66 460101, die App kann man unter http://radio-beotaxi.co.rs herunterladen; Naxis Taxi +381 19804, die App kann man unter www.naxis.rs herunterladen.

Parken: Parken ist in Belgrad kostenpflichtig und in verschiedenen Zonen unterteilt. Allerdings kann es sehr lange dauern, einen Parkplatz im Zentrum der Stadt zu finden. Eine bessere Lösung ist das Parken in Garagen, hier die Liste mit Adressen und Bedingungen der Parkgaragen: https://parking-servis.co.rs/eng/

AUSKUNFT
Botschaft der Republik Serbien in Österreich
Ölzeltgasse 3, 1030 Wien
Tel. +43 1 7132595
www.vienna.mfa.gov.rs/index.php
Konsularabteilung
Gumpendorfer Straße 83, 1060 Wien
Tel. +43 1 5447585

Diplomatische Vertretungen
Österreichische Botschaft Belgrad
Kneza Sime Markovića 2
11000 Belgrad, Tel. +381 11 3336500
Für Notfälle (Todesfall, schwere Krankheit, Verkehrsunfall u. Ä.) steht österreichischen Staatsbürgern rund um die Uhr folgender Notruf zur Verfügung:
In Serbien: 060 0239890
Aus dem Ausland: +381 60 0239890
Deutsche Botschaft Belgrad
Neznanog junaka 1a, 11040 Belgrad
Tel. +381 11 3064300
Schweizerische Botschaft Belgrad
Bulevar Oslobođenja 4, 11001 Belgrad
Tel. +381 11 3065820

ALLGEMEINE INFORMATIONEN
Infostellen in Belgrad
Touristische Organisation Belgrad
Knez Mihailova 56, Mo–So 9–20 Uhr
Tel. +381 11 2635622, bginfo.knezmihailova@tob.rs, www.tob.rs
Am Bahnhof
Mo–Sa 8.30–13.30 Uhr, sonntags geschlossen, Tel. +381 11 3612732
E-Mail: bginfo.stanica@tob.rs
Am Flughafen
Mo–So 10–20 Uhr
Tel. +381 11 2097828
Touristische Organisation Serbien
Mo–Fr 9–20 Uhr, Sa 9–17 Uhr, So 10–16 Uhr, Čika Ljubina 8, Tel. +381 11 6557100, www.serbia.com

Notruf:
Polizei +381 11 192
Feuerwehr +381 11 193
Rettung +381 11 194

Telefon: Die Vorwahl vom Ausland nach Belgrad ist: +381 11 ...

Hauptpostamt:
Takovska 2, 11101 Beograd
Mo–So 0–24 Uhr, Tel. +381 11 3210070
Briefmarken erhält man bei der Post.

Öffnungszeiten: Die Museen und staatlichen Galerien haben unterschiedliche Öffnungszeiten, meistens sind sie montags geschlossen. Im Stadtzentrum sind viele Lebensmittelgeschäfte von 7.30 bis 22 Uhr geöffnet, die Apotheken von 9 bis 22 Uhr. Einkaufszentren haben Öffnungszeiten von 10 bis 22 Uhr.

Geld: Der serbische Dinar ist die Währung Serbiens. Am besten wechselt man Geld in der Wechselstube, da der Kurs besser als in der Bank ist. Umrechnungskurs: 1 Euro = 117 Dinar (Stand: November 2019).

Trinkgeld: Zehn Prozent Trinkgeld zu geben ist üblich.

Feiertage in Serbien:
1. und 2. Jänner: Neujahr
7. Jänner: Weihnachten
15./16. Februar: Nationalfeiertag
Bewegliche Feiertage:
Großer Freitag (Karfreitag), Großer Samstag (Karsamstag) und Ostern
1. und 2. Mai: Tag der Arbeit
11. November: Waffenstillstandstag, Erinnerung an das Ende des Ersten Weltkriegs

KULTUR

Informationen: www.tob.rs
www.arrivalguides.com/de/Travelguides/Europe/Serbia/Belgrade
Online-Ticketverkauf unter: www.tickets.rs

Highlights im Jahresprogramm
Nacht der Museen: In einer Nacht im Mai stehen Ihnen an 68 Standorten in Belgrad und 45 weiteren Städten in Serbien mehr als 270 kulturelle Einrichtungen offen: Museen, Galerien und Ausstellungsräume mit insgesamt 419 Veranstaltungen (www.nocmuzeja.rs).
Oktobersalon: Der Oktobersalon ist eine internationale Veranstaltung der modernen bildenden Kunst, deren Gründer die Stadt Belgrad ist (www.oktobarski-salon.org).
Belgrader Buchmesse: Die Internationale Belgrader Buchmesse findet jedes Jahr im Okt. auf dem Belgrader Messegelände statt.
Guitar Art Festival: Guitar Art ist ein internationales Festival der klassischen Gitarre im Februar (www.gaf.rs).
BELEF: Das Belgrader Sommerfestival BELEF ist ein traditionelles Festival der klassischen Musik und bildenden Kunst im Juli und August (www.belef.org).
BEMUS: Das Belgrader Musikfestival BEMUS findet im Okt. statt und ist eines der bedeutendsten Festivals für klassische Musik in Südosteuropa (www.bemus.rs).
Belgrad Jazz Festival: Das Belgrader Jazzfestival findet in der letzten Oktoberwoche statt und ist eines der wichtigsten Kulturveranstaltungen der Stadt (www.domomladine.org).

No Sleep Festival: Das Indoor-Festival für elektronische Musik umfasst rund um die Uhr im November Veranstaltungen an verschiedenen Orten (www.nosleepfestival.com).

Internationales Filmfestival – FEST Findet am letzten Wochenende im Februar und in der ersten Märzwoche statt. Vorgestellt werden hochwertige Filmkunstwerke der Weltkinematografie (www.cebef.rs).

Belgrader Festival des Dokumentar- und Kurzfilms: Findet in der letzten Märzwoche statt und dauert 4–5 Tage. Das Festival hat einen Wettkampfcharakter (http://martovski.rs).

BITEF: Das Belgrader Internationale Theaterfestival im September bietet zeitgenössische Werke (http://www.bitef.rs).

Belgrad Fashion Week: Die Belgrader Modewoche ist eine kommerzielle und künstlerische Veranstaltung, sie findet im März und Ende Oktober statt (www.belgradefashionweek.com).

Belgrad Designwoche: Die Belgrader Designwoche im Frühjahr soll die Ausbildung und Umschulung im Bereich Design und Kreativwirtschaft fördern (www.belgradedesignweek.com).

Svetogorska, „Straße des offenen Herzens": Am 1. Jänner wird in der Straße Svetogorska traditionell gefeiert. Aufgrund ihrer Wohltätigkeitsfunktion ist das eine der wichtigsten Veranstaltungen in Belgrad.

Nachtmarkt Belgrad: Ein grüner Markt wird zu div. Jahreszeiten nachts zum größten Restaurant und zur größten Kunstausstellung outdoor (www.beogradski-nocni-market.com).

Belgrader Bierfest: Das größte Bierfestival in Südosteuropa findet im August statt. (www.belgradebeerfest.com).

Belgrader Karneval des Bootes: Veranstaltung Ende Aug. mit einer Flussboot-Parade, Kreuzfahrten und Karnevalsgruppen sowie verschiedenen Musikkonzerten (www.travel-belgrade.com).

Theater: Es gibt rund 30 Theater und Konzertsäle. Für eine komplette Liste siehe: www.beograd.rs/de/lernen-sie-belgrad-kennen

Konzertsäle:
Zentrum Sava, Milentija Popovića 9, Novi Beograd, www.savacentar.net
Stiftung Ilije M. Kolarca, Studentski trg 5, www.kolarac.rs

Museen: Es gibt rund 60 Museen und 30 Galerien. Für eine komplette Liste siehe: www.beograd.rs/de/lernen-sie-belgrad-kennen
Die Eintrittskarte beträgt zwischen ca. € 1,50 und ca. € 5,–.

SIGHTSEEING

Die Stadt können Sie auf verschiedene Arten erkunden, hier einige Empfehlungen:
Innenstadt-Tour: Kostenlose Tour mit dem kleinen Bus „Spatz", 8–22 Uhr.
Free Belgrade Walking Tours in englischer Sprache: www.belgradewalkingtours.com/
Bus: Mit dem Bus für ca. € 7,– (70 Min.) auf Deutsch; mit dem Schiff für ca. € 13,– (90 Min.) auf Englisch; mit dem Segway ab € 49,– (90 Min.) auf Englisch: Touristische Organisation Belgrad, Knez Mihailova 56, Tel. +381 11 2635622

Motorrad: Für € 65,– (4 Std.) in englischer Sprache: Smile&Ride, Tel. +381 65 9934455
Hubschrauber: Ab € 230,– (15 Min.) in englischer Sprache: Balkan Helicopters, Tel. +381 64 1901919, +381 65 2902929

ESSEN UND AUSGEHEN

In den meisten Lokalen ist das Rauchen noch immer erlaubt, der Raucherbereich ist allerdings getrennt. Stand der hier genannten Lokale per November 2019.

Clubs & Bars:
Belgrade's Finest Summer and Winter Clubs, bgfinest.com
Night Club Service, Tel. +381 62 337700, E-Mail: office@belgradeatnight.com, https://belgradeatnight.com

Sommerclubs:
Kartel, Ušće bb, splavkartel.rs
Hot Mess, Ušće bb, hotmess.club
Shake 'n' Shake, Ušće bb
www.shake-n-shake.com
Money, Bulevar Vojvode Mišića bb
moneybelgrade.rs
Leto, Bulevar Vojvode Mišića bb
letobelgrade.com
Lasta, Bulevar Vojvode Mišića bb
lastasplav.rs
Sindikat, Sajamski kej bb
www.splavsindikat.rs
Blaywatch, Kej oslobođenja bb
www.blaywatch.com
Amsterdam, Kej oslobođenja bb
www.amsterdam.rs

Winterclubs:
Square, Studentski trg 15
squareclubbelgrade.com
Freestyler Winter Stage, Karađorđeva 2-4,
www.betonhala.rs/freestyler-winter-stage/
The Bank, Karađorđeva 2-4
www.betonhala.rs/club-bank

Mladost Ludost, Karađorđeva 44
www.mladost-ludost.com
Hype, Karađorđeva 46
www.hypebelgrade.com
Brankow, Crnogorska 12
brankowclub.com
Teatro, Sarajevska 26
www.klubteatrobar.com
Fabrika, Bulevar despota Stefana 115
fabrikabeograd.com
Mr. Stefan Braun, Nemanjina 4
www.mrstefanbraun.rs/en
Fest, Sportski centar „Pinki", Zemun
www.club-fest.co.rs

Bars:
Bitef Art Cafe
Sommerclub (Juni bis Sept.): Park Kalemegdan, Tennisplätze
Winterclub (Okt. bis Mai): Mitropolita Petra 8, www.bitefartcafe.rs
Drugstore, Bulevar despota Stefana 115, www.drugstorebeograd.com
Podrum Wineart
Višnjićeva 7, https://podrumwineart.rs

Cafés & Konditoreien:
Kafeterija, Kralja Petra 16
Tel. +381 11 3281311
Cafe & Factory 6, Kralja Petra 23
Tel. +381 65 3675650
Mandarina Konditorei
Gračanička 16, Tel. +381 11 4088120
Coffee Dream, Zmaj Jovina 14
Tel. + 381 11 3233333
Aviator Coffee Explorer
Terazije 28, Tel. +381 66 330900
Specijal, Nušićeva 7
Tel. +381 11 3228865
Pržionica, Dobračina 59/B
Koffein, Cara Dušana 65
Tel. +381 11 2634959
Užitak Coffee Selection & Delights
Family Cup, Hilandarska 4
Tel. +381 11 3233029
Edisan, Knez Mihailova 5
Tel. +381 11 3036287
Stamevski, Obilićev venac 22
Tel. +381 11 3286439

Ferdinand knedle, Cara Lazara 19
Tel. +381 61 1957092
Rice Kings sutlijaš bar
Topličin venac 3, Tel. +381 11 4091145
Dolce Principessa, Strahinjića Bana 64, Tel. +381 66 5018044
Mali Princ, Gundulićev venac 44
Tel. +381 11 3226161
Pelivan, Bulevar kralja Aleksandra 20
Tel. +381 11 3231679

Restaurants & Gasthäuser

Beton hala: Baraka Bar, Cantina de Frida, Toro Latin, Druga Plazza, Sacura, Magaza, Lavash, Ambar
Karađorđeva 2–4, Tel. +381 62 262212
www.betonhala.rs
Mali Pijac, Karađorđeva 61
Tel. +381 69 777989
Kahvana Mali Kalemegdan, Veliki Kalemegdan 2, www.malikalemegdan.rs
Kalemegdanska Terasa, Mali Kalemegdan bb, Tel. +381 11 3283011
www.kalemegdanskaterasa.com
Brankovina, Uzun Mirkova 7
Tel. +381 11 2622189
Aero-klub, Uzun Mirkova 4, Tel. +381 11 2626077, restoranaeroklub.rs
Plato, Čika Ljubina 18–20, Tel. +381 60 8382107, www.restoranplato.rs
Ottimo, Studentski trg 10, Tel. +381 11 3286454, www.restoranottimo.rs
5A Soba, Rajićeva 12, Tel. +381 61 1947999, www.5asoba.com/Web
Manufaktura, Kralja Petra 13
Tel. +381 11 2180044
www.restoran-manufaktura.rs
Tribeca, Kralja Petra 20, Tel. +381 11 3285656, www.tribecarestoran.rs
Dorian Gray, Kralja Petra 87, Tel. +381 11 2634151, www.doriangray.rs
City Garden, Knez Mihailova 54
www.citygarden.rs
Kolarac, Knez Mihailova 46, Tel. +381 69 2638972, restorankolarac.rs
Proleće, Vuka Karadžića 11, Tel. +381 11 2635436, restoranprolece.rs
Vuk, Vuka Karadžića 12
Tel. +381 11 2629761
Le Molière, Zmaj Jovina 11, Tel. +381 11 2188171, www.restoranlemoliere.com
Mala gostionica, Dobračina 6, Tel. +381 63 333825, www.malagostionica.rs
Little Bay, Dositejeva 9a, Tel. +381 11 3288995, www.littlebay.rs
Endorfin, Braće Jugovića 3,
www.endorfingastropub.com
Lonče, Braće Jugovića 4,
Tel. +381 11 2188819, lonce.rs
Trattoria Pepe, Gospodar Jovanova 33
Tel. +381 11 3285295, pepe.rs
Casa Nova, Gospodar Jovanova 42a
Tel. +381 64 1110205, www.casanova.rs
Klub književnika, Francuska 7,
www.klubknjizevnika.rs
Papalada, Francuska 12
Tel. +381 62 511000, papalada.rs/en
Langouste, Kosančićev venac 29, Tel. +381 64 8132015, www.langouste.rs
Opera, Obilićev venac 30, Tel. +381 11 3036200, operarestoran.com
Mihailo, Obilićev venac 16, Tel. +381 64 3008707, http://mihailorestoran.rs
Ahh... Riba, Obilićev venac 27/2
Tel. +381 65 9093339, ahhriba.com
Mikan, Maršala Birjuzova 14, Tel. +381 11 3034333, www.konakmikan.com/eng
Supermarket Deli, Topličin venac 19–21, Tel. +381 11 2028008
www.supermarketdeli.rs
Caruso, Terazije 23/8, Tel. +381 11 3248037, www.restorancaruso.com
Srpska kafana, Svetogorska 25
Tel. +381 66 8010195
Azbuka, Kralja Milana 2, Tel. +381 69 4077364, restoranazbuka.rs
Kod dvoglavog orla, Terazije 34
Tel. +381 63 236868
koddvoglavogorla.com
Polet, Kralja Milana 31, Tel. +381 63 380030, www.poletrestoran.rs
Dvorište, Svetogorska 46, Tel. +381 11 3246515, restorandvoriste.rs/
Guli, Skadarska 13, Tel. +381 11 7237204, guli.rs
Šešir moj, Skadarska 21, Tel. +381 11 7228750, sesirmoj.rs

Zlatni bokal, Skadarska 26, Tel. +381
11 7234834, www.zlatnibokal.com
Tri šešira, Skadarska 29, Tel. +381 60
3130180, trisesira.rs
Dva Jelena, Skadarska 32, Tel. +381
11 7234885, www.dvajelena.rs
Mali Vrabac, Skadarska 34
Tel. +381 69 1872252, malivrabac.rs
Ima Dana, Skadarska 38, Tel. +381 11
7234422, www.restoran-imadana.rs
Velika Skadarlija, Skadarska 40c
Tel. +381 11 3342230,
www.restoranvelikaskadarlija.com
Iva New Balkan Cuisine, Kneginje
Ljubice 11, Tel. +381 11 3285007,
https://newbalkancuisine.com
Mala Fabrika Ukusa, Nebojšina 49
Tel. +381 11 2435727
www.malafabrikaukusa.com
Poslednja šansa, Tašmajdanski
park bb, Tel. +381 11 3223563
Madera, Bulevar kralja Aleksandra 43
Tel. +381 65 3231332
www.maderarestoran.com
Šaran, Kej oslobođenja 53, Tel. +381
69 2618235, www.saran.co.rs
Reka, Kej oslobođenja 73 b
Tel. +381 60 0408070, reka.co.rs
Druga priča, Kej oslobođenja bb,
Zemun, Tel. +381 60 7337477
www.restorandrugaprica.com
Amphora, Bulevar Nikole Tesle BB
Tel. +381 63 370966,
restoranamphora.co.rs/contact
Amsterdam, Kej oslobođenja bb
Tel. +381 663 1067040,
www.amsterdam.rs/contact.html
NOVAK Restaurant, Bulevar Arsenija
Čarnojevića 54a, Tel. +381 11 3113132
www.novakcafe.rs
Franš, Bulevar oslobođenja 18a
Tel. +381 65 2641944, www.frans.rs
Hyde Park, Bulevar kneza Aleksandra
Karađorđevića 6, Tel. +381 66 6464777
Sheher Park, Andre Nikolića 1–3
Tel. +381 11 2651565, www.sheher.rs
Grafičar, Vase Pelagića 31, Tel. +381
65 8501020, www.restorangraficar.rs

Milošev konak, Topčiderska 1
Tel. +381 11 2663146
restoranmilosevkonak.rs

ÜBERNACHTEN

Hier einige Hotels. Mehr unter:
http://www.tob.rs/en

Luxus- und 5-Sterne-Hotels
Square Nine Hotel, Studentski trg 9, Tel.
+381 11 3333500, www.squarenine.rs
Metropol Palace Hotel, Bulevar kralja
Aleksandra 69, Tel. +381 11 3333100
www.metropolpalace.com
Hilton Belgrade, Kralja Milana 35
Tel. +381 11 7555700
www3.hilton.com/en/hotels/serbia/
hilton-belgrade-BEGBSHI
Hyatt Regency Hotel, Milentija
Popovića 5, Tel. +381 11 3011234
www.belgrade.regency.hyatt.com
Saint Ten, Svetog Save 10
Tel. +381 11 4116633, saintten.com

4-Sterne- und Boutiquehotels
Hotel Crowne Plaza, Vladimira
Popovića 10,
www.crowneplaza.com/hotels
Belgrade Art Hotel, Knez Mihailova 27
belgradearthotel.com
Hotel Excelsior, Kneza Miloša 5
www.excelsioradbeograd.rs
Falkensteiner Hotel Belgrade
Bulevar Mihaila Pupina 10K
www.belgrade.falkensteiner.com
Hotel Palace, Topličin venac 23
www.palacehotel.co.rs

3-Sterne-Hotels
Hotel Kasina, Terazije 25,
hotelkasina.rs
Hotel Union, Kosovska 11
hotelunionbelgrade.com
Belgrade Inn Hotel, Francuska 11
belgradeinn.com
Hotel Jugoslavija, Bulevar Nikole
Tesle 3, hoteljugoslavija.rs
Hotel Park, Njegoševa 2,
www.hotelparkbeograd.rs

Register

Ada Ciganlija 121
Adria-Donau-Bank, ehem. 47
Aero Klub 79
Alas Mika, Büste 37
Aleksandar-Nevski-Kirche 90
Alte Palast 48, 97
Andrić Ivo, Denkmal 47
Anker Versicherungsges., ehem. .. 52
Aschkenasischer Friedhof 117
Außenministerium 44
Äußeres Save-Tor 30
Äußeres Stambol-Tor 15
Automuseum 100
Bajloni, ehem. Nationalbrauerei .. 89
Bajrakli-Moschee 81
Bankmuseum 63
Belgrader Kandelaber 109
Belgrader Kulturzentrum 73
Belgrader Messegelände 122
Belgrader Stadtbibliothek 64
Belgrader Zoo 25
Beobachtungsposten des serbischen Oberkommandos .. 97
Beogradanka, Bürohochhaus 109
Berg Avala 124
Betonhalle 31
Bezistan 51
Bitef-Theater 90
Botanischer Garten Jevremovac 116
Božić-Haus 84
Branko-Brücke 39
Brunnen Buđenje 15
Brunnen „Die Frau mit der Muschel" 51
Brunnen, Großer 96
Brunnen „Mädchen mit einem Krug" 97
Buchhandlung Geca Kon 68
Chemische und Mathematische Fakultät, Gebäude 78
Christi-Himmelfahrts-Kirche 46
Čukur-Brunnen 86
Damad-Ali-Paša-Türbe 32
Defterdar-Tor 31
Delija-Brunnen 67
Denkmal Dank an Frankreich 16
Denkmal f. d. hl. Sava 111
Denkmal f. d. Patriarchen Pavle 105
Denkmal f. d. Belgrader Verteidiger des Ersten Weltkriegs 27
Denkmal f. d. im Ersten Weltkrieg getöteten Soldaten 125

Denkmal f. d. Ende März b. Mai 1942 in Belgrad getöteten Juden 40
Denkmal f. fünf Patrioten 50
Denkmal f. Zar Nikolaus II. 49
Denkmal Takovo-Aufstand 1815 45
Despot-Tor 23
Despot-Turm 23
Dom sindikata 96
Dunkles Tor 30
Eisenbahnen Serbiens, Gebäude 44
Eisenbahnmuseum 44
Erstes Belgrader Gymnasium 90
Erste Donaudampfschifffahrts-Gesellschaft, ehem. Gebäude .. 86
Erste Kroatische Sparkasse, ehem. 66
Ethnographisches Museum 79
Fakultät für bildende Künste 64
Fernsehturm 125
Fischerbrunnen 17
Französisches Kulturinstitut 68
Fresken-Galerie 81
Gardoš-Höhe 123
Gebäude mit grünen Fließen 80
Genossenschaftsgebäude 42
Goethe-Institut 65
GRAD – Europäisches Zentrum f. Kultur und Debatte 41
Graphisches Instituts d. staatlichen Druckerei 37
Gruft der Volkshelden 19
Grujić Jevrem, Heim 102
Grundschule „König Petar I." 62
Hauptbahnhof, ehem. 43
Hauptpostgebäude 97
Haus der Größen 87
Haus der serbischen Armee 72
Haus der Vermächtnisse 65
Heiliger-Sava-Kirche 113
Heim des Heiligen Sava 91
Historische Museum Serbiens 96
Hofkapelle 120
Hofkomplex 119
Hotel Moskva 52
Hunjadi Janoš, Gedenkstein 22
Igumanova-Palast 50
Inneres Save-Tor 30
Inneres Stambol-Tor 16
Institut f. d. Schutz v. Kulturdenkmälern Stadt Belgrad 22
Institut f. Heilpflanzenforschung „Dr. Josif Pančić" 93

Ivo-Andrić-Gedenkmuseum 47
Jakšić Đura, Haus 87
Jakšićs-Turm 27
Jovanović Paja, Stiftung 108
Jüdisch-sephardischer Friedhof 116
Jüdische Frauengesellschaft,
  ehem. Gebäude 93
Jüdisches Gemeindezentrum Belgrad, die Konföderation der jüdischen Gemeinden Serbiens 82
Jüdisches historisches Museum .. 82
Jugoslawische Kinothek 79
Kalemegdan, Promenade 17
Kalemegdan-Treppe, Große 19
Kapelle der heiligen Petka 28
Karađorđe-Denkmal 114
Karađorđe-Tor 16
Kasematten Militärmuseum 33
Kathedrale d. hl. Erzengel
  Michael 61
Kaufhaus Mitić 66
Kirche d. Hl. Dreifaltigkeit 105
Kleine Treppe 18
Kneza Miloša 117
Kolarac-Stiftung 78
Königspalast 120
Königstor 19
Krsmanović-Palast 51
Kunstpavillon Cvijeta Zuzorić 14
Lazarević Laza K., Haus................ 102
Lazarević Stefan, Denkmal 23
Leopoldstor 23
Lubarda Petar, Villa 118
Manak-Haus 42
Manjež-Park 110
Markt, grüner 58
Markt Skadarlija 89
Markuskirche 104
Mehmed-Paša-Sokolović-
  Brunnen 31
Menora in Flammen 93
Militärbunker 22
Militärmuseum 33
Millennium-Turm 123
Milošev Konak 119
Miša Kapitän, Gebäude 77
Modell Schloss Despot Stefan
  Lazarević 21
Museum der Belgrader Festung .. 32
Museum der Illusionen 51
Museum der Serbischen
  Ärztegesellschaft 90
Museum der serbisch-
  orthodoxen Kirche 62
Museum des Nationaltheaters 71
Museum für Angewandte Kunst 59

Museum für die Geschichte
  Serbiens 119
Museum für Theaterkunst 84
Museum für Wissenschaft
  und Technologie 90
Museum für zeitgenössische
  Kunst 122
Museum von Jovan Cvijić 102
Nationalbankgebäude 63
Nationalbibliothek 114
Nationalmuseum 72
Nationaltheater 70
Nationalversammlung der
  Republik Serbien 98
Naturkundemuseum, Galerie 15
Nebojša-Turm 29
Neuer Friedhof 117
Neuer Palast 49, 97
Nikolajevska-Kirche 123
Nikola-Tesla-Museum 108
Nušić Branislav, Skulptur 71
Obelisk 38
Offiziersgenossenschaft, ehem. 109
Offiziersheim, ehem. 109
Oneg-Šabat-Gebäude 92
Österreichische Botschaft 36
Pädagogisches Museum 80
Palais Atina 52
Palast der französischen
  Botschaft 18
Palata Albanija 53
Pašić Nikola, Denkmal 96
Pašić Nikola, Haus 87
Patriarchatsbibliothek 62
Patriarchatsgebäude 62
Pavlović-Haus 65
Pekić Borislav 110
Pelivan 98
Petar II. Petrović Njegoš 77
Petrović Mihailo, Haus 37
Philologische Fakultät 66
Philosophische Fakultät 76
Pijade Moša, Denkmal 101
Pionierpark 97
Planetarium der Astrono-
  mischen Gesellschaft 28
Pobednik/Der Sieger 20
Post-Telegraphen-Telefon-
  Museum 103
Princip Gavrilo, Denkmal 44
Pulverlager „Barutana" 31
Radio Beograd 101
Regierungsgebäude der
  Republik Serbien 44
Reiterdenkmal für Fürst
  Mihailo Obrenović III. 68

Residenz der Fürstin Ljubica	60	Synagoge Sukat Šalom	57
Residenz des Fürsten Miloš	119	Tanjug-Gebäude	58
Riunione, ehem. Palast	73	Tašmajdan-Park	106
Römerbrunnen	19	Tašmajdan-Stadion	107
Römische Halle	65	Telefonzentrale, ehem.	100
Rosenkirche	27	Tempel des hl. Sava	113
Ruinen des Bundesministeriums der Verteidigung und des Generalstabs	45	Terazije-Brunnen	52
		Terazije-Theater	50
		Topčider	118
Ruinen des Gebäudes des serbischen Rundfunks	107	Topčider-Platanen	119
		Tor Karls VI.	29
Sahat-Kula	32	Tourismusbüro	64
Sahat-Tor	32	Trajković, Haus	38
Salon des Museums für zeitgenössische Kunst	18	Tucović Dimitrije, Büste	110
		Türbe des Scheichs Mustafa	78
Sebilj-Brunnen	89	Vuk-Stiftung	49
Sekulić Milan, Haus	79	Vuk- und Dositej-Museum	85
Serbische Schriftstellervereinigung	72	Vuk Vojvoda, Denkmal	59
		Wandgemälde „La Santa De Beograd"	39
Serbischen Akademie der Wissenschaften und Künste	67	Warenmagazin, ehem.	63
		Weißer Palast	120
Serbischer Palast	122	Zemun-Friedhof	124
Spanisches Haus	41	Zemun-Kai	123
Spanisches Kulturinstitut	68	Zepter-Museum	66
Sparkasse Vračar, ehem. Haus	47	Zindan-Tor	23
Spasić Nikola, Büste	66	Zora-Palast	67
Studentenpark	77		

Bildnachweis

Foto Seite 3 (im Uhrzeigersinn): Visit Belgrade/Svetlana Dingarac, Ida Salamon, Visit Belgrade/Aleksandar Matić, Ida Salamon, Visit Belgrade/Dragan Bosnić, Visit Belgrade; Seite 4: Visit Belgrade /Aleksandar Matić; Seite 6/7, 124/125: Milutin Labudović; Seite 13: shutterstock/Djordje Novakov; Seite 14, 20, 97, 106: shutterstock/Zrad; Seite 15, 35, 98: shutterstock/stoyanh; Seite 17, 28, 29, 33, 36, 37, 57, 68, 79, 84, 85, 89, 91, 93, 99, 100, 103, 107, 109, 116: Ida Salamon; Seite 21, 40, 50, 51, 59, 77, 78, 80, 81: Erwin Salamon; Seite 18/19: shutterstock/ColorMaker; Seite 23: shutterstock/Serhat Kinay; Seite 24/25: shutterstock/Photo Oz; Seite 26, 119: shutterstock/Milos Dumic; Seite 30: shutterstock/Victor Jiang; Seite 32: shutterstock/Zoran Milosavljevic; Seite 39: shutterstock/Orangecrush; Seite 41: shutterstock/Manolis Smalios; Seite 43, 52, 90, 114: shutterstock/Nenad Nedomacki; Seite 44: shutterstock/Andrey Shevchenko; Seite 45, 48: shutterstock/Mikhail Markovskiy; Seite 46: shutterstock/Borisb17; Seite 53: shutterstock/BalkansCat; Seite 55: shutterstock/Ttepavac; Seite 58, 64: shutterstock/EQRoy; Seite 61: shutterstock/eFesenko; Seite 63: shutterstock/Fotokon; Seite 65: shutterstock/Resul Muslu; Seite 67: shutterstock/Ioan Florin Cnejevici; Seite 70/71: shutterstock/Milos Todorovic; Seite 73, 117: shutterstock/Bobica10; Seite 75, 88: shutterstock/e2dan; Seite 83, 96: shutterstock/Mirko Kuzmanovic; Seite 87: shutterstock/Bigyy; Seite 95: shutterstock/Zoran Krstic; Seite 101: shutterstock/ok_fotoday; Seite 104/105: shutterstock/ToskanaINC; Seite 111: shutterstock/Mareandmare; Seite 112: shutterstock/Aleksandar Mijatovic; Seite 115: shutterstock/Ivana Stevanoski; Seite 120: shutterstock/PavleMarjanovic; Seite 121: shutterstock/Mark.Pelf

Kleines Wörterbuch

Die kyrillische Schrift (Azbuka)
Die offizielle Amtssprache in Serbien ist Serbisch und die Schrift im amtlichen Gebrauch ist Kyrillisch, während auch die lateinischer Schrift parallel verwendet wird. Das Alphabet besteht aus dreißig Buchstaben und ist phonetisch, ein Buchstabe entspricht einem Laut.

А, Б, В, Г, Д, Ђ, Е, Ж, З, И, Ј, К, Л, Љ, М, Н, Њ, О, П, Р, С, Т, Ћ, У, Ф, Х, Ц, Ч, Џ, Ш
A, B, V, G, D, Đ, E, Ž, Z, I, J, K, L, LJ, M, N, NJ, O, P, R, S, T, Ć, U, F, H, C, Č, DŽ, Š

Aussprache
V, v wie w
Đ, đ zwischen dj und dz
Ž, ž wie j in Journalist
Z, z wie s in Sonne
Lj, lj wie dt. Medaillon
Nj, nj wie dt. Cognac
Ć, ć zwischen tj und tsch
C, c wie z in Zimmer
Č, č wie tsch in Deutsch
Dž, dž wie dt. Jackpot
Š, š, wie sch in Schule

Wichtige Wörter und Grußformeln
ja/nein | *da/ne*
bitte/danke | *molim/hvala*
alt/neu | *staro/novo*
Eingang | *ulaz*
Ausgang | *izlaz*
offen/geschlossen | *otvoreno/zatvoreno*
Frauen/Männer | *žene/muškarci*
Toilette | *toalet*
gut/schlecht | *dobro/loše*
groß/klein | *veliki/mali*
Wie bitte? | *Kako molim?*
Hilfe! | *Upomoć!*
Entschuldigung | *izvinite*
Guten Morgen | *Dobro jutro*
Guten Tag | *Dobar dan*
Guten Abend | *Dobro veče*
Gute Nacht | *Laku noć*
Auf Wiedersehen | *Do viđenja*
Hallo! | *Zdravo!*
Wie ist Ihr Name? | *Kako je Vaše ime?*
Mein Name ist ... | *Moje ime je ...*
Sprechen Sie Englisch/Deutsch? | *Govorite li engeski/nemački?*
Ich verstehe nicht | *Ne razumem*
Ich verstehe kein Serbisch | *Ne razumem srpski*
Wie viel kostet es? | *Koliko to košta?*

Unterwegs
links/rechts | *levo/desno*
geradeaus | *pravo*
nah/weit | *blizu/daleko*
Straße | *ulica*
Platz | *trg*
Kreuzung | *raskršće*
Bahnhof | *železnička stanica*
Stadtzentrum | *centar grada*
Theater | *pozorište*
Museum | *muzej*
Kirche | *crkva*
Kloster | *manastir*
Schloss | *dvorac*
Markt | *pijaca*
Bank | *banka*
Post | *pošta*
Trafik | *trafika*
Geschäft | *radnja*
Krankenhaus | *bolnica*
Apotheke | *apoteka*
Parkplatz | *parking*
Autobahn | *autoput*
Fluss | *reka*
See | *jezero*
Gefahr | *opasnost*
Polizei | *policija*
Wo ist ...? | *Gde je ...?*
Wo ist die Touristeninformation? | *Gde je turistički informativni centar?*
Können Sie mir helfen? | *Da li možete da mi pomognete?*
Was kostet es? | *Koliko košta?*